U1019899

小学教育（全科教师）专业系列教材

宋乃庆 靳玉乐 总主编

小学综合实践活动

主 编
张 华

编 委（按姓氏笔画排序）
仲建维 刘 宇 安桂清
李宝敏 李树培 杨燕燕
张 华 钱旭鸯 高振宇
郭元勋 唐晓欣

西南师范大学出版社
国家一级出版社 全国百佳图书出版单位

图书在版编目(CIP)数据

小学综合实践活动 / 张华主编. — 重庆：西南师范大学出版社, 2020.8(2022.4重印)
ISBN 978-7-5697-0379-5

Ⅰ. ①小… Ⅱ. ①张… Ⅲ. ①活动课程—教学法—小学—高等学校—教材 Ⅳ. ①G622.3

中国版本图书馆CIP数据核字(2020)第149673号

小学综合实践活动

主编　张　华

总 策 划：宋乃庆　刘春卉　杨景罡
执行策划：钟小族　翟腾飞
责任编辑：周明琼　杨景罡
责任校对：张燕妮
装帧设计：观止堂_未　氓
排　　版：王　兴
出版发行：西南师范大学出版社
地址：重庆市北碚区天生路2号
邮编：400715
市场营销部电话：023-68868624
印　　刷：重庆友源印务有限公司
幅面尺寸：185 mm×260 mm
印　　张：9.25
字　　数：203千字
版　　次：2020年8月 第1版
印　　次：2022年4月 第3次印刷
书　　号：ISBN 978-7-5697-0379-5

定　　价：32.00元

小学教育（全科教师）专业系列教材

总主编

宋乃庆　靳玉乐

丛书编委会

主　任

陈时见　彭寿清　吕德雄

委　员（以姓氏笔画排序）

马　宏　马银海　申培轩　皮军功　吕立杰

吕德雄　刘　慧　江净帆　孙德芳　李志强

李铁安　李　敏　李　森　杨如安　杨南昌

何华敏　邹　渝　陈立力　陈时见　林长春

罗　文　罗　滨　胡　兴　侯宏业　袁　旭

顾建军　曹士勇　康世刚　彭寿清　蒋　蓉

序

小学教育是基础教育中最重要的一环，是孩子们学知识的第一步。孩子们在小学教育阶段，顺利完成了学业，进一步学习就不会有太大的困难。小学是儿童的思维从具体到抽象、综合到分析逐步发展的阶段。他们常常不管面对教什么学科的老师，都会提出各种各样的问题，认为老师是万能的，什么都知道的。所以我主张小学老师最好是全科型的，能够适应小学生认知特点的需要，特别是农村的小学老师。农村的学校规模比较小，一般不容易配备所有学科的老师，许多老师都要兼教几门课，更需要全科型的教师。教育部《关于实施卓越教师培养计划2.0的意见》也提出了培养小学全科教师。当然，全科教师不是说小学的所有课程都能教，而是一专多能、一主多辅，或者两主多辅。

有些学者认为，小学教师也需要学科专业化，认为现代科学日新月异，学科内容知识不断更新，教师需要有学科的专业知识，才能保证教学质量。在大城市规模比较大的小学，实行单科教师，当然有利于学科教学。但是我认为，小学教师也需要具有比较广泛的知识，一方面适合小学生综合思维的特点，另一方面小学教师也需要有文化修养、人文气质，这是多学科才能培养的。

如何培养小学全科教师？首先要有一套教材。以宋乃庆教授为首的教育部西南基础教育课程研究中心组织了16个省（区、市）60余所高校以中西部为主的专家学者编写了“小学教育（全科教师）专业系列教材”。这是师范院校教师组织师范生学习的素材，是小学全科教师培养（训）的重要载体。该系列教材主要包括教师教育类、学科基础类和学科课程与教学类3个模块。该系列教材本着小学生的特点，帮助职前和职后的小学教师逐步掌握2～4门学科的知识与技能、过程和方法，形成正确的情感态度和价值观，因此，每一学科的知识与技能要求适当降低。他们提出了宽基础、重实践操作，重师范素质养成，重文化素养提升的原则，使教材低起点、降难度、缓坡度，便于自学，便于阅读，文字通俗易懂。

该教材的编写人员，都是几十所师范院校对小学教育有专门研究的专家，站位高、设计科学、合理，切合小学的教育教学实际，教材编写有特色，为小学全科教师的培养做了一件重要的工作。

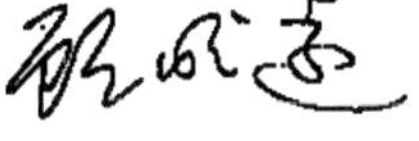

2019年8月12日

（注：顾明远 北京师范大学原副校长，中国教育学会原会长，曾任世界比较教育学会联合会联合主席）

编者的话

党的十九大要求培养高素质教师队伍。习近平总书记明确提出成为党和人民满意的好教师要满足“四有”“四个引路人”和“四个相统一”的标准，为培养师德高尚、业务精湛、结构合理、充满活力的高素质教师队伍指明了方向。

基础教育是我国教育的重要阵地，小学教育是基础教育中的基础。2012年以来，教育部先后出台了多个文件，提出了发展小学全科教师，解决小学（尤其是农村小学）结构性缺编问题，提升小学教师综合素养，借鉴国际小学全科教师培养经验。近年来，我国多省（区、市）已经开展了全科教师培养，编写了部分教材，在此基础上，我们在教师工作司和多省（区、市）教育主管部门的支持下，邀请了16个省（区、市）60余所高校的专家、学者编写了此系列教材。我们力求体现以下主要特点：

第一，注重综合素质，降低单科要求。小学全科教师要掌握2～4门学科的专业知识与技能、过程与方法，形成正确的情感态度与价值观，因此，每一学科的知识与技能适当降低要求，且适当增加综合素质的培养（训）内容与要求。

第二，拓宽学科基础，重视实践操作。小学全科教师走上工作岗位会执教多个学科，因此，教材既注重多学科的基础学习，又注重学科之间的贯通性，适当增加实践技能，注重学生师范素质的养成，注重学生教学技能的培养。

第三，适当降低起点，放缓坡度。教材注重便于自学与阅读，通俗易懂。适当降低起点和学科理论要求，适当放缓坡度和减少内容，适当减轻小学全科教师负担。

第四，注重学生文化素养提升，发展核心素养。教材贯彻“立德树人”根本任务精神，每章设置了名人名言、学习提要、思维导图、思考与练习、小结等板块，让学生在潜移默化中提升自身文化素养，具备终身发展的能力。

本套教材邀请了30余位小学教育领域有影响的高师院校、教科院、进修学院和小学知名的专家、领导组成了“小学教育（全科教师）专业系列教材”编委会。编委会对教材使用和教师的培养（训）进行指导。

由于时间紧、任务重、科目多，编写团队庞大，且编者编写风格和水平上存在差异，问题和错漏在所难免。恳请各位学者、教师、学生，及时向我们提出宝贵意见和建议并发送至邮箱xszjfs@126.com。

教育部西南基础教育课程研究中心　小学全科教师教材编写组

2019年8月

前言

美国有一位物理学家叫费曼，是诺贝尔物理学奖获得者，被认为是爱因斯坦以后最聪明的理论物理学家。有一次，记者问他："在你成为科学家的过程中，你父亲起了怎样的作用?"费曼一时陷入沉思，慢慢回忆他的父亲如何帮助他成为一名物理学家。有一年夏天，童年的费曼和一个小男孩在一起玩耍。那个男孩问他："看那只鸟！那是种什么鸟呀？"费曼回答道："我一点儿也不知道……"只见那个男孩说："你爸爸什么也没教你呀！"但费曼的爸爸确实教过他鸟的知识，不过是以他自己的方式。费曼回忆他爸爸的话："你可以用世界上所有的语言叫出那只鸟的名字，但当你做到这一点时，你对那只鸟绝对一无所知。你只是知道了不同地方的人怎样称呼那只鸟。因此，让我们观察那只鸟，看它正在做什么——这才有意义！"

观察世界，研究世界，产生自己的观念，将观念变成指导自己行动的假设，通过行动验证假设并创造新世界。这就是人探究和理解世界的过程。探究精神、理解力和创造力，不只是科学家的品质，而是每一个自由个性的根本特点。综合实践活动课程的宗旨在于帮助每一个学生发展生活理解力和创造力，并在理解和创造生活的过程中发展社会责任感和热爱生活的情怀。

与有肝胆人共事，从无字句处读书。每一个人来到世间，必然面对"两本书"，需要毕生阅读。一本是"有字之书"，这是由语言符号构成的书，核心是分门别类的学科知识。另一本是"无字之书"，这是由每一个人置身其中的生活世界构成的"书"，核心是日常生活和职业世界。脱离"无字之书"，"有字之书"就会成为无本之木、无源之水，由此失去意义；忽视"有字之书"，"无字之书"就会僵化保守、因循守旧，由此失去反思与创造。

在我国基础教育课程体系中，"有字之书"即是学科课程，"无字之书"则是综合实践活动课程。两类课程的区别是：学科课程具有客观性和抽象性，旨在发挥学科知识对学生发展的价值，以处理每一个学生的心理经验和分门别类的学科逻辑的关系为根本问题；综合实践活动具有主观性和具体性，旨在发挥日常生活和职业世界对学生发展的意义，以处理每一个学生的心理经验与丰富多彩的生活世界的关系为根本问题。两类课程的联系是：二者都追求教育民主，都旨在发展学生面向21世纪信息时代的“核心素养”；综合实践活动课程是各门学科课程的意义源泉，因学科源自生活、为了生活；学科课程使综合实践活动课程拥有深度、走向创新，因学科具有创造性且能够转化为人们的日常生活和职业世界。

综合实践活动课程是国家规定的必修课程，一以贯之于我国整个基础教育阶段，是学校课程体系不可或缺的“另一半”。这是一门魅力无限的课程，其魅力源自生活世界和每一个学生日新月异的生活经验。每一个老师只要投入其中，都会深深爱上她！

让我们与每一个学生一起，打开综合实践活动课程这本“无字之书”，使教育扎根生活的沃土、展现生活的魅力！

目录

第一章
综合实践活动课程的含义与价值

综合实践活动是从学生的真实生活和发展需要出发，从生活情境中发现问题，转化为活动主题，通过探究、服务、制作、体验等方式，培养学生综合素质的跨学科实践性课程。

——《中小学综合实践活动课程指导纲要》

我国已阔步迈入信息时代，创新精神与协作精神是这个时代的基本精神，专家思维与复杂交往是每一个人应具备的核心素养。让学生既发展创新精神与实践能力，又发展道德意识与社会责任感，是信息时代学校教育的基本目标。为落实立德树人的根本要求，体现新时代社会发展和学生发展的特点与需求，教育部2017年颁布《中小学综合实践活动课程指导纲要》（下文可简称《纲要》）。它既深刻总结我国多年基础教育课程改革的成就与问题，又积极借鉴国际课程改革的宝贵经验，必将对我国深化基础教育课程改革、构建信息时代基础教育课程体系产生深远影响。

第一节　综合实践活动课程的时代内涵

学习提要

1. 综合实践活动课程的时代内涵集中体现在它是集生活课程、跨学科课程、实践性课程、发展性课程与必修课程于一身的课程形态。

2. 信息时代为综合实践活动课程提出了新要求、创造了新条件、赋予了新内涵。

《纲要》指出："综合实践活动是从学生的真实生活和发展需要出发，从生活情境中发现问题，转化为活动主题，通过探究、服务、制作、体验等方式，培养学生综合素质的跨学科实践性课程。”这意味着学生的学习内容除分门别类的学科课程外，还包括每一个学生置身其中的真实生活——经过反思与体验的日常生活；学生的学习活动除具有学科领域特点的学科实践外，还包括具有综合性和跨学科性的生活实践。综合实践活动作为我国学校课程的“另一半”，具有丰富的时代内涵。

一、综合实践活动是一门生活课程

每一个人每时每刻置身其中的生活情境，无论个人情境、社会情境还是自然环境，只要经过反思，将之转化为问题情境与活动主题，并运用个人经验和学科知识展开系统探究、体验与实践，它就从日用生活中凸显出来，就能发展学生的生活创造能力和生活责任意识，就具有无尽的课程价值。生活即课程。

二、综合实践活动是一门跨学科课程

生活世界中的任何事物与现象，无论多么细微与平常，如一丝白发、一片雪花或一片树叶，均具有整体性。要理解生活中的事物或现象，就需要多学科视野汇集、融合才能实现。综合实践活动课程必然是跨学科课程，且是综合程度最高的课程，需要跨学科学习。

三、综合实践活动是一门实践性课程

生活是鲜活而独特的，有多少人就有多少种生活。生活具有地域性与时代性。生活内容千差万别、五彩缤纷。但是，探究与体验生活的方式具有共同性。“考察探究”“社会服务”“设计制作”“职业体验”等旨在发展学生核心素养的活动方式，均具有实施或操作的关键要素。综合实践活动课程将旨在发展学生核心素养的先进的学习方式、活动方式或实践方式本身视为课程。过程即课程，实践即课程，学习方式即课程。

四、综合实践活动是一门发展性课程

每一年级有每一年级的生活，每一学段有每一学段的生活。生活探究与体验的目标、内容、方式既具有发展阶段性，又具有前后相继的连续性。自小学一年级至高中三年级十二年一贯设计且全面实施的综合实践活动课程体现了“学习进阶”(learning progression)的理念，并关注了学生核心素养的纵向整体发展。

五、综合实践活动是一门必修课程

人自来到世间，始终面对两个世界，一是鲜活的、可感受的日常生活世界，二是由各类语言、符号所构成的抽象的学科世界。这两个世界相互影响、相互作用，为个人发展与人类进步提供永恒基础。在我国基础教育课程体系中，综合实践活动课程对应生活世界，各门学科课程对应学科世界，二者既相对独立，又相互影响、相得益彰。由于综合实践活动课程不可替代、不可或缺的重要性，《纲要》将之规定为必修课程，与学科课程并列设置，且相互联系。

综合实践活动既是一种特殊的课程形态，又是一种先进的学习方式，还是一种进步教育观。作为一种特殊的课程形态，它是学生在教师指导下、根据周密的活动设计、在特定时间与地点、以小组或个人方式常态实施的生活探究与体验活动。作为一种先进的学习方式，它是探究、服务、制作、体验等“做中学”“创造中学”与“体验中学”等方式的融合。作为一种进步教育观，它是生活教育观、实践教育观和创造教育观的联姻。

信息时代为综合实践活动课程提出了新要求、创造了新条件、赋予了新内涵。由于信息技术的普遍使用，以“记忆”“熟练”和“重复”为特征的简单认知工作和常规手工劳动正被编程计算机所代替，人必须具有创造性思维，能胜任创新性工作才能在信息时代幸存。综合实践活动课程必须走出简单“走一走”“看一看”“玩一玩”“练一练”的误区，以专家思维和复杂交往等核心素养为目标。体现信息时代的特征与精神，着眼发展学生的高级能力与高度社会责任感，是综合实践活动课程的新内涵。以计算机模拟、模型化、增强现实、虚拟现实、互联网通信、人工智能、搜索引擎等为代表的创新技术，为综合实践活动课程的设计与实施提供了前所未有的条件。我国综合实践活动课程正在进入高级阶段、崭新阶段。

第二节　综合实践活动课程的性质

学习提要

1. 综合实践活动课程旨在发挥生活世界对人的发展价值，它所解决的基本问题是每一个人的心理经验与活生生的现实世界（生活世界）的关系。

2. 综合实践活动课程具有整体性、实践性、开放性、生成性与自主性的显著特性。

一、新课程改革的课程结构

有研究表明，部分学生在我国当前的基础教育中已经存在生存危机，主要表现在：

部分学生不能好好睡觉——健康受到影响。比如一个尚处于成长和发育中的孩子，迫于各种学业压力，晚上11点之前无法睡觉。据上海市医学科学技术情报研究所2004年的抽样调查，上海市中小学生的视力不良率为54.24%，高于2000年的48.6%，比1949年的4.35%上升了11倍。目前，上海市小学生视力不良率为29.48%，初中生为61.08%，高中生为72.16%。

部分学生不能充分运动、游戏、参与社会实践——生活受到影响。上海电台新闻频道与华东师范大学心理学系联合调查显示，上海6岁至12岁儿童中，78%感到“不开心”；63%不愿求助父母；79%认为父母苛求。

部分学生不能充分表达自己的观念——探究受到影响。部分学生自己的观念被忽视，致使心灵被物化，创造性被压抑。当有些人醉心于我国学生“基础扎实”的时候，哈佛大学数学教授、菲尔兹奖获得者丘成桐博士却做出了如下评论：“常常有人说，中国的教育基础比较扎实，只不过学生的创新能力和动手能力比其他国家的学生弱一点，对这种说法我不敢苟同。在10多年前，我招收的中国学生都非常优秀，但是现在的中国学生在哈佛的表现并不那么出色，遇到问题根本无法运用自己所学的知识，甚至一些名牌大学的毕业生也是如此，他们在哈佛读研究生期间遇到很大的困难，甚至不能继续读下去。”

任何课程改革，只有从儿童的生存状态出发，才是道德的；如果仅从某种社会需要出发，不重视儿童的生存状态，那就是工具化的或不道德的，终究会被儿童所抵制。

我国当前正在进行的基础教育课程改革旨在构建信息时代课程体系。它所针对的问题是因“一切为考试而教、一切为考试而学”这一应试教育价值观所导致的部分学生人格受到影响。我国基础教育的问题是部分人教育价值观的扭曲和由此导致的学生学习的异化和教师教学的异化。

针对我国基础教育的根本问题，本次课程改革确立了一以贯之的基本理念：转变学习方式，崇尚创造，让学生在学习中获得个性解放。这里的学习方式不是关于学习的方法和技术思考，而是关于学习的价值思考：每一个人的学习方式都是其独特个性的体现，课程应尊重每一个人学习方式的独特性。

在这一基本理念的指导下设置了两类课程：学科课程与综合实践活动课程。这即是所谓的“一心开二门”。

学科课程旨在发挥学科知识（学科逻辑）对人的发展价值，它所解决的基本问题是每一个人的心理经验与学科逻辑的关系。综合实践活动课程旨在发挥生活世界对人的发展价值，它所解决的基本问题是每一个人的心理经验与活生生的现实世界（生活世界）的关系。

当面对阳光下盛开的花朵，多愁善感的诗人会把“我”投射到花朵中创造一种诗的境界：“泪眼问花花不语，乱红飞过秋千去”，久而久之，便形成了文学。理智好奇的科学家会把花朵变成反思和研究的对象：鲜花在阳光下盛开的内在机制是什么？借助实验分析和数学计算，得出了“光合作用”的假设，日积月累，便形成生物学。这就是学科的由来。学科当然有价值，通过它，我们不仅可以和早在千年以前的人分享对这个世界的意义的理解，而且可以和远在万里之外的人分享真善美，个人的视界由此突破了特定时空的限制。但无论学科的价值有多大，它也不能代替我们的心灵和眼睛：面对阳光下盛开的鲜花，我们看到了什么？鲜花在对我们说些什么？我们建构了怎样的鲜花的意义？这就是综合实践活动课程要解决的问题。

- 新课程的结构
  - 学科课程
    - 单学科
    - 综合学科
  - 综合实践活动课程
    - 指定领域
    - 非指定领域

图 1-1　新课程的一个解释框架图

由此观之，我国基础教育新课程由学科课程与综合实践活动课程构成。学科课程由单学科（如语文、数学、外语、物理、化学、生物、历史、地理、音乐、美术、体育等）与综合学科（如科学、品德与社会、历史与社会、综合艺术等）构成。综合实践活动课程由指定领域（考察探究、社会服务、设计制作、职业体验）与非指定领域（如班团队活动、校传统活动、学生的心理健康活动等）构成。

学生的个性是一个整体，有助于个性成长的课程也应是一个整体。因此，学科课程与综合实践活动课程的一体化是学生个性成长的内在要求。就综合实践活动课程而言，要基于学生经验生长的连续性原则和生活逻辑的内在要求进行整体一贯设计，并将学科知识积极运用于生活问题的探究之中。就学科课程而言，要基于探究原则和学科逻辑的内在要求加以重建，并从学科的视界对生活做出独特的解释，建构出独特的意义。

总之，综合实践活动课程只有像学科课程那样具有连续性、有力量，它在教育上才是有意义的；学科课程只有像综合实践活动课程那样具有探究性、生活化、个性化，它才有助于学生的个性发展。

试想，如果一个尚处于成长和发育中的孩子，迫于各种学业压力，晚上 11 点之前无法睡觉，这种“教育”能称作素质教育吗？

保护儿童健康成长的社会才是有前途的。在这种情况下，再去用“头悬梁、锥刺股”这种所谓“优良传统”去要求孩子，是不合时宜的。因此，当前课程改革乃至整个教育改革的基本任务是采取包括立法在内的各种有效措施把孩子的身体从功利主义的驱使中解放出来，让他们好好睡觉，享受应有的健康的权利。

教育是学习者所希望的发展行为，是高质量的生活。当前课程改革乃至整个教育改革的又一基本任务是归还儿童过自己生活的权利,归还学生探究的权利,尊重学生自己的观念。综合实践活动课程试图解决的问题是体现生活世界对学生发展的价值,试图追求的意义是帮助学生在反思、体验生活中学会生活、热爱生活。因此,在我国基础教育课程体系中设置综合实践活动课程不是权宜之计,而是永恒课题。

二、综合实践活动的特性

综合实践活动作为综合程度最高的课程,不是其他课程的辅助或附庸,而是具有自己独特功能和价值相对独立的课程,与其他课程具有等价性与互补性。与其他课程相比,综合实践活动具有如下特性。

(一)整体性

综合实践活动具有整体性。世界具有整体性,世界的不同构成——个人、社会、自然是彼此交融的有机整体。文化作为世界的一部分也具有整体性,文化的不同构成——科学、艺术、道德也是彼此交融的。人的个性具有整体性,个性发展不是不同学科知识杂糅的结果,而是通过对知识的综合运用不断探究世界与自我的结果。综合实践活动主题的选择范围应包括学生本人、社会生活和自然世界。对任何主题的探究都是体现个人、社会、自然的内在整合,体现科学、艺术、道德的内在整合。综合实践活动必须立足于人的个性的整体性,立足于每一个学生的健全发展。

(二)实践性

综合实践活动具有实践性。综合实践活动以学生的现实生活和社会实践为基础发掘课程资源,而非在学科知识的逻辑序列中构建课程。综合实践活动以活动为主要开展形式,强调学生的亲身经历,要求学生积极参与到各项活动中去,在"做""考察""实验""探究"等一系列的活动中发现和解决问题,体验和感受生活,发展实践能力和创新精神。

(三)开放性

综合实践活动具有开放性。综合实践活动面向每一个学生的个性发展,尊重每一个学生发展的特殊需要,其课程目标具有开放性。综合实践活动面向学生的整个生活世界,随着学生生活的变化而变化,其课程内容具有开放性。综合实践活动关注学生在活动过程中所产生的丰富多彩的学习体验和个性化的创造性表现,其评价标准具有多元性,因而其活动过程与结果均具有开放性。

(四)生成性

综合实践活动具有生成性。这是由综合实践活动的过程取向所决定的。每一个班级、每一所学校都对综合实践活动有整体规划,每一个活动开展之前都要对活动进行周密设计，这是综合实践活动计划性的一面。但是，综合实践活动的本质特征是生成性，这意味着每一个活动都是一个有机整体，而非根据预定目标进行的机械装配过程。随着活动的不断展开，新的目标不断生成，新的主题不断生成，学生在这个过程中兴趣盎然，认识和体验不断加深，创造性的火花不断迸发，这是综合实践活动生成性的集中表现。对综合实践活动的整体规划和周密设计不是限制其生成性，而是为了使其生成性发挥得更具有方向感、更富有成效。

（五）自主性

综合实践活动充分尊重学生的兴趣、爱好，为学生自主性的充分发挥开辟了广阔的空间。他们自主选择学习的目标、内容、方式及指导教师，自主决定活动结果呈现的形式，指导教师只对其进行必要的指导，不包揽学生的工作。

第三节　综合实践活动课程的理念

学习提要

综合实践活动课程的开发与实施应基于如下基本理念：坚持学生的自主选择和主动探究，为学生个性充分发展创造空间；面向学生的生活世界和社会实践，帮助学生体验生活并学以致用；推进学生对自我、社会和自然之间内在联系的整体认识与体验，谋求自我、社会与自然的和谐发展。

一位年过半百的语文老师参与了综合实践活动课程，他一直对古汉字文化情有独钟，认为这是我们文化的根，一定不能忽略和忘记，利用这次探究的机会，他说一定要让学生了解古汉字文化。于是，他精心设计了教案，内容丰富多样，涉及汉字形状的演变及意义、史书中记载的皇帝史官仓颉“造字”、甲骨文的历史及研究现状、一些独特的文字如相互连叠的“招财进宝”的写法、剪纸中一些字体的变形，甚至还有回文诗和宝塔诗等文体所反映出来的汉字的美。他觉得四十分钟的课不够用，因为还有好多东西没有讲给学生呢。由于投入和快节奏，他每次都累得满头大汗，可是学生却觉得有些乏味和枯燥，普遍参与状态不好。这位老师觉得很委屈，觉得自己的辛苦和用心没有得到学生的理解。

这位老师把综合实践活动课程当作传统的学科课程来上，自己设计教学内容和方案，尽量在单元时间里传授给学生尽可能多的知识，于是出现了上面的一幕——教师教得委屈、学生学得被动。所以，首先是教师必须了解综合实践活动课程与学科课程的区别，对其所倡导的课程观、学生观和教师观有一定的了解和体会，这样教师才能恰当地发挥自己的指导和引领作用，学生的创新精神和实践能力才有可能得到发展。教师不再以知识权威者的身份将预定的知识传授给学生，学生也不再作为被动的接受者接受教师发出的指令。在开放的情境中，他们将共同作为课程的开发者、创造者和实施主体，依赖自己的智慧和创意，在交互过程中共同构建课程的内容，设计实施的方案，完成课程的评价。

学科课程与综合实践活动课程不仅是两类课程，更是两种价值、两种视界：一是学科的视界，一是生活的视界，两者不能互相替代，只能互补、联系、整合。学科课程与综合实践活动课程互相联系。首先，两者都崇尚探究，都强调学习方式的转变。学科的本质是探究。只有在探究中，学科课程才能促进人的发展。如果只是把学科知识现成地接受下来，那人的心灵会变成人类过去改造环境的战利品的俘虏。探究是揭示生活意义的基本途径。探究的态度不仅有助于创造理智、民主的生活，而且有助于抵制生活中的愚昧、迷信和专制。其次，学科与生活互相促进，历史统一。学科源自生活，并指向提升生活的意义。生活诞生学科，并为学科所改变。因此，学科课程与综合实践活动课程应当也能够建立内在联系。

植根于生活的综合实践活动课程首先尊重人的自然需要和兴趣，因为这是人好奇心的“第一本原”。综合实践活动课程当然不否认人为的需要和兴趣，但强调将其与自然的需要和兴趣结合起来。上述案例中教师的委屈和困惑正是由于他忽视了学生的兴趣和生活世界，因而尽管他认为这些内容值得探究并做了充分准备却没有引起学生的共鸣。

作为与学科课程并列且有效补充和完善了整个课程体系的新增必修课，综合实践活动课程的开发与实施应基于如下基本理念：

一、坚持学生的自主选择和主动探究，为学生个性充分发展创造空间

综合实践活动是以学生的直接经验或体验为基础而开发和实施的。它是以学生的直接经验为基础对学科知识的综合运用，是对学科的逻辑体系的超越。在综合实践活动的开发和实施过程中，鼓励学生自主选择，将学生需要、动机和兴趣置于核心地位，为其个性充分发展创造空间。教师的指导作用体现在帮助学生完善其自主选择意识和能力方面，而不是代替学生选择。

与综合实践活动相适应的基本学习方法是探究学习。综合实践活动的开发与实施要体现学生活动的自主性、探究性，引导学生开展丰富多彩的探究性学习活动，帮助学生学会发现，学会探究，形成发现问题与解决问题的能力。

二、面向学生的生活世界和社会实践，帮助学生体验生活并学以致用

综合实践活动的开发和实施要克服当前基础教育课程脱离学生自身生活和社会生活的倾向，要帮助学生从其生活世界中选择感兴趣的主题和内容，要注重学生对生活的感受和体验，引导学生热爱生活，并学会健康而愉悦地、自由而负责任地、智慧而富有创意地生活。

综合实践活动还具有实践取向，即该课程的开发与实施要着眼于学生实践意识的养成，强调学生的动手操作和亲身体验，指向学生综合实践能力的养成。综合实践活动的实践取向对超越我国注重“坐而论道”、忽视技术文化和操作能力的教育传统具有重要意义。

三、推进学生对自我、社会和自然之间内在联系的整体认识与体验，谋求自我、社会与自然的和谐发展

学生生活于现实世界和社会实践中，生活于自然中。学生和他生活的世界形成一个有机整体。教育不能让学生远离现实世界，课程不能成为隔离学生与世界的屏障。综合实践活动为学生开辟了一条与生活世界交互、持续发展的渠道，倡导学生对自我、社会和自然之间内在联系进行整体认识与体验。

学生在体验与探究自然中不断成长，在参与和融入社会中不断成熟，在认识自我中不断完善。谋求学生自我、社会与自然的和谐发展是综合实践活动的终极追求。

第四节　综合实践活动课程的价值追求

学习提要

1. 综合实践活动课程的核心价值追求包括回归生活世界、运用学科思维、践履社会责任三大方面。

2. 通过回归生活世界，发展学生生活素养；通过运用学科思维，发展学生学科素养；通过践履社会责任，发展学生公民素养。

《纲要》提出了综合实践活动课程的"四条理念"和"四类目标"。它们分别是:课程目标以培养学生综合素质为导向,课程开发面向学生的个体生活和社会生活,课程实施注重学生主动实践和开放生成,课程评价主张多元评价和综合考察;具有价值体认、责任担当、问题解决、创意物化等方面的意识和能力。这为理解与实施综合实践活动课程提供了整体理论框架。该框架的价值追求至少包括三个方面。

一、回归生活世界

人人向往美好生活。然而,生活的一个本质特点是美好之处与问题、困难相伴而生。无论个人生活还是社会生活,均如是。美好生活从不自然到来,而是人通过解决问题和克服困难创造出来的。只有当教育植根于生活世界,引导学生直面生活中的问题,学会将学科知识运用于解决生活问题,学生才能既形成直面生活问题、不逃避困难的积极态度,又学会理智解决生活问题、创造和发展美好生活的能力。综合实践活动课程本质上是体现生活的发展价值、教育价值的课程。它将形成直面生活问题的积极态度与解决生活问题的创造能力有机结合。教育在生活中、由于生活并为了生活。一百多年前,杜威说:"教育是生活的过程,而不是将来生活的准备","学校必须呈现现在的生活——即对于儿童说来是真实而生气勃勃的生活。"几乎同一时期,怀特海也指出:教育只有一门学科,那就是完整表现的生活。因此,作为直接体现生活之价值的综合实践活动课程不仅具有自身的独特价值,而且是各门学科课程彼此间建立联系的纽带和产生意义的基础。只要学校教育以发展学生自由人格与促进社会进步为目标,它就必然植根于现实生活。只要教育融于生活,综合实践活动课程就必然存在,尽管其名称、内容和表现形态可能随时代而变化。

二、运用学科思维

尽管综合实践活动课程是一门生活课程、实践性课程,但它拒绝简单庸俗地联系生活,反对浅尝辄止地"探究"生活。运用学科思维和学科观念,理解生活世界中的事件、现象和问题,基于自己的理解从事考察探究、社会服务、设计制作、职业体验等活动,由此发展创新精神、实践能力和社会责任感。在此过程中,学科知识与学科观念通过应用和实践得到升华。这才是真正的综合实践活动课程。在信息时代,拥有学科思维、学科智能既是一个人从事创新性职业的必要条件,也是其参与日益复杂而多元的社会生活的条件,还是一个人达到自我实现的条件。诚如美国心理学家加德纳所言,在未来社会,"倘若一个人不能至少稔熟一门学科,那他注定要任别人摆布"。综合实践活动课程非但不排斥学科思维、学科素养,反而为其深入发展创造条件、寻找意义。

三、践履社会责任

一如学生在创新中学会创新，学生也必须在服务社会中学会服务、责任担当中学会负责。践履社会责任是综合实践活动课程的核心价值之一。每一个学生既是自由个体，又是社会公民。学生是主动的学习者与负责任的公民两种角色的合一。学生要把学会服务作为其学习内容和学习过程的有机构成。学习任何学科知识，教师都要尽可能帮助学生将之应用于所生活的社区即家庭、学校和社会之中，要让学生从小在“用”中学、服务中学。与此同时，学生在社会服务、职业体验等指定活动内容中，要有意识地运用学科知识和学科观念提出问题，反思问题产生的根源，在服务行动和职业操作中解决问题，由此学会服务、学会负责。通过综合实践活动课程，教师要帮助学生把在服务中学与学会服务结合起来，把培养学生成为主动的学习者与负责任的公民两种目的化为一体。

通过回归生活世界，发展学生直面人生问题、热爱生活、创造生活等生活素养；通过运用学科思维，发展学生学科理解、学科创造等学科素养；通过践履社会责任，发展学生的人格智力、交往能力、道德意识、社会实践能力、社会责任感等公民素养。这就是综合实践活动课程的核心价值追求。

第五节　综合实践活动课程的实践策略

学习提要

1. 有效实施综合实践活动课程首先要超越误区，即克服技能化倾向、常识化倾向、简单化倾向、形式化倾向、空无化倾向。

2. 有效实施综合实践活动课程还要走向深入，即走向深度探究、走向深度融合、在空间上让学生有机会走出校外去活动、在时间上让学生有可能运用大单元时间去活动、要把综合实践活动与综合素质评价深度融合、积极运用信息技术。

近二十年来，教育实践界对综合实践活动课程进行了丰富多彩且富有创造性的探索，取得了卓越成就，本课程也由此成为我国基础教育课程改革公认的亮点。实践充分证明：凡开展综合实践活动课程者，无论开展得好与坏，从未见到影响学生“中考”或“高考”成绩的报道。恰恰相反，提高学业成绩的个案却屡见不鲜，尽管综合实践活动课程并不以提高学业成绩为直接目标。实践还证明：每一所学校都能自行把综合实践活动课程开展好。之所以许多学校尚未开展起来，是因为当地教育政策缺位、传统的控制积习、“应试教育”价值观的影响，以及教师对自由的恐惧。

《纲要》的颁布，标志着我国综合实践活动课程进入新的历史时期——信息时代时期。值此新时期，怎样有效实施综合实践活动课程？这里扼要指出两点，即“超越误区”“走向深入”，以供广大教育决策者和实践者参考。

一、超越误区

实践中，存在实施综合实践活动课程的若干误区。择其要者，列举如下：

(1)技能化倾向：仅仅满足于通过重复训练让学生形成某种动手操作技能，回避对真实生活问题和实践问题的探究与体验。(2)常识化倾向：仅仅满足于用既有经验和常识提出问题、从事活动，脱离学科知识和观念，得出的结论缺乏坚实依据和说服力，活动过程亦不能激发学生内在而持久的探究兴趣。(3)简单化倾向：仅仅满足于“上网查资料”等简单活动方式，缺乏对各类生活探究和体验活动的性质、关键要素的把握，活动过程变成“走过场”。(4)形式化倾向：活动开展流于形式，缺乏实质内涵，有的学校几年就只有一个课题、一个案例，用于应付上级督导、检查。(5)空无化倾向：课程表上有此课程名称，但从不真正实施，对执行国家课程方案缺乏负责任的态度。

这些误区的产生，本质上是“应试教育”价值观的体现。等级主义与功利主义相结合的教育价值观阻碍综合实践活动课程的实施，乃至整个课程改革的深入进行。唯有超越“应试教育”价值观，我国课程改革才能真正走向新时代。

二、走向深入

深入开展综合实践活动课程，使之走向新阶段，至少需要采取下列策略。

(一)走向深度探究

要从学生的真实发展需要和真实生活现实出发，生成学生真正感兴趣且有价值的问题和活动主题，吸引学生持久探究主题，持续发展学生对生活的理解能力、创造能力和实践能力；积极倡导能够持续几个月、一学期、一学年、几学年的中长期探究主题，防止浅尝辄止、形式化的活动。

(二)走向深度融合

既要将考察探究、社会服务、设计制作、职业体验等指定的活动方式深度融合，又要将综合实践活动课程与各门学科课程深度融合，还要将综合实践活动课程与各种专题教育深度融合，防止课程体系、课程内容的“碎片化”“割裂化”“两张皮”等现象。

（三）在空间上让学生有机会走出校外去活动

对综合实践活动课程而言，世界即课堂。要积极创造条件，让学生走出校外，走向社会和大自然，到问题发生的地方进行现场研究。让学生用自己的眼睛看世界，用自己的耳朵倾听世界，用自己的心灵感受、体验、探究世界，用自己的双手创造世界。考察探究这一活动方式提出的一大旨趣是将“考察学习”（expeditionary learning）这一活动引入我国课程体系，让学生到大自然、到真实世界做研究。

（四）在时间上让学生有可能运用大单元时间去活动

对综合实践活动课程而言，课题即课时。要根据活动内容、要求灵活使用课时，把集中使用和分散使用有机结合，突破传统课时制的限制，防止由于时间不够而匆匆忙忙、走马观花从事活动的现象。

（五）要把综合实践活动与综合素质评价深度整合

学生从事综合实践活动的过程与结果，是综合素质评价的核心内容、主要内容。综合实践活动课程的评价即综合素质评价。凡未开展综合实践活动课程，即不存在所谓“综合素质评价”。各学校要确立综合实践活动课程与各门学科课程具有“等价性”的课程意识，本着对每一个学生的终身发展负责任的精神切实将此课程实施好。

（六）积极运用信息技术

信息技术既是综合实践活动课程的重要探究内容，又是其有效开展的手段。由于信息通信技术素养（ICT literacy）已然成为信息时代每一个学生必须具备的跨学科素养，因此在综合实践活动课程的实施中要积极运用信息技术，为学生的实践活动创造新条件、开辟新境界。

本章小结

《中小学综合实践活动课程指导纲要》的颁布标志着我国综合实践活动课程进入新的历史时期——信息时代时期。信息时代为综合实践活动课程提出了新要求、创造了新条件、赋予了新内涵。它的时代内涵集中体现在它是集生活课程、跨学科课程、实践性课程、发展性课程与必修课程于一身的课程形态，它具有整体性、实践性、开放性、生成性与自主性的显著特点。综合实践活动课程的核心价值追求包括回归生活世界、运用学科思维、践履社会责任三大方面。有效实施综合实践活动课程一方面要超越误区，另一方面要走向深入。

【思考与练习】

1. 请思考综合实践活动课程与学科课程之间的关系是什么，综合实践活动课程的独特之处又是什么。

2. 请结合自身参与综合实践活动课程的实践经历，谈谈你的想法与做法中哪些体现了综合实践活动课程的理念。

【推荐阅读】

1.[美]杜威.学校与社会·明日之学校[M].2版.赵祥麟，任钟印，吴志宏，译.北京：人民教育出版社，2005.

2.[美]凯瑟琳·坎普·梅休，等.杜威学校[M].王承绪，等译.上海：华东师范大学出版社，1991.

第二章
综合实践活动课程的历史发展

教学应从学生的经验和能力出发，使学校在游戏和工作中采用与儿童、青年在校外所从事的活动类似的活动形式。

——杜威

综合实践活动课程既有“悠久的过去”，又有“短暂的现在”。作为一种智慧传统，孔子的教育实践将礼乐经典与日常生活紧密相连、化为一体，由此创造了世界范围内最早的生活教育典范，这是理解综合实践活动课程取之不竭的智慧宝库。在孔子的影响下，历代儒家的教育实践均闪耀着生活教育的光芒。“教育是一种生活”，这一理念是所有儒家的共识。中国教育家陶行知的生活教育思想和实践，是传统儒家思想和现代民主教育思想的有机融合，为我国开展综合实践活动课程打下坚实基础。

综合实践活动课程在理论上的正式确立是19世纪末、20世纪初美国的进步教育运动与欧洲的新教育运动。其思想的主要代表是美国教育家杜威与克伯屈，他们二人也是陶行知的老师。本章以二者的思想为代表，阐述综合实践活动课程的历史与思想基础。

第一节　杜威的活动课程思想

学习提要

1. 杜威所倡导的活动课程的基本特点是活动课程在经验中、由于经验并为了经验；活动课程在生活中、由于生活并为了生活；活动课程不仅是理智的，而且是道德的。

2. 杜威主动作业课程思想的基本特点是主动作业适合儿童经验生长的要求；主动作业源于社会生活，充满了具有社会性质的事实和原理，可以代表社会的情境；主动作业作为科学地理解自然的原料和过程的活动中心，可以不断指向科学的逻辑经验的发展；主动作业体现了方法与材料的统一，进而成为课程与教学统一的中介和途径；主动作业体现了“游戏”和“工作”的统一。

一、杜威活动课程的基本特点

19世纪末的美国教育实践是以机械训练和死记硬背为特征的。比如，1892年，美国教育学者赖斯在调查中问纽约的一位校长：在课堂上，是否准许学生把头转来转去？这位校长回答说：“既然教师在他们的前面讲课，他们又何必向后看呢？”总之，“教师盲目地让天真无邪的孩子进行协作训练、死记硬背和复述那些毫无意义的冗词赘语”是当时美国教育的主旋律。

1888年秋季，美国哲学家、教育家杜威成为明尼苏达大学的哲学教授。这年年底，密歇根大学聘任杜威主持因哲学家G. H. 莫里士教授的逝世而空缺的哲学讲座。这一年，杜威29岁。1896年杜威创办著名的芝加哥大学实验学校，自此以后，他的哲学、教育学、心理学、社会学思想就融合为一个整体。他是20世纪世界范围内著名的教育哲学家，是人类教育思想史上的一座丰碑。有一次，当有人问他为什么把注意力转到教育领域，杜威回答：“这主要是为了儿童。”

在芝加哥大学实验学校里，七八岁儿童探究的重要内容是“原始人的生活”。儿童们会问：假如我们是原始人，没有房屋、没有衣服、没有火、没有食物、没有工具和生活用品，我们该如何生活？于是儿童们开始以一个原始人的身份，按照自己的兴趣从事实验、制造、装饰、项目和发明。“我是黏土探索者”“我是石器探索者”“我是火的发明者”……在建造项目中，学习测量和计算；在阅读神话故事中学习阅读；在装饰器具或房屋时，学习绘画和雕塑。所有这些学习，均指向于“把思想表现为合意的和优美的具体形式”。有一次，一个学习过这个课程的八岁儿童和他十三岁的姐姐及四岁的弟弟在家里玩耍。他姐姐在另一个学校读书。忽然，小弟弟的衣服着火了。姐姐一边跑一边尖声喊叫成人帮助。而这个八岁儿童迅速地用毯子裹好弟弟，把他放在地板上，很快地闷熄火焰，避免了严重的灼伤事故。当成人们匆忙赶来的时候，他已经和弟弟玩耍起来，每一个人都惊喜异常地赞扬他，只见他平静地说：“这有什么呀？去年我们就和老师一起用泥土、毯子、水等东西灭过火，并探讨过一旦衣服着火了该怎么办。”

有幸参观芝加哥大学实验学校的人，常常看到孩子们忙忙碌碌：做烹饪、做缝纫、做木工，抑或做其他。人们不禁疑惑：难道让学生在学校里学习烤面包、做缝纫、盖房子，在家里学习“读、写、算”不成？学习，在杜威的心目中究竟意味着什么？

学习是人的经验的改造与生长。这应当是杜威对学习的基本界定。人的经验有两个基本特性(或准则):一是连续性,二是互动性。连续性既指时间上的绵延不断,又指空间上的整体统一。"我"今天从事的活动是昨天活动的自然延续,并暗示着明天活动的方向。"我"现在的经验是过去经验的自然生长,并暗示着将来经验生长的方向。在家庭、学校和社区中,"我"的经验是统一的,"我"还是那个"我"。正是经验的连续决定了人格的同一。互动性是指经验的生成与生长过程。经验一定是在人与环境的互动中生成和生长的。人主动地对环境做些什么,环境必然做出相应的反馈,人对自己的行动与行动的结果(环境的反馈)之间的关系进行反思,即经验的生成和生长。"做"和"反思"的结合与统一是经验的核心。

因此,在杜威的心目中,学习=问题解决=探究。没有问题解决和探究的"学习"不值得提倡。人在工作和生活中难免遇到困难,将此困难明晰化,变成一个要解决的问题,提出解决问题的方案或假设,将此方案或假设在理智上进行审慎的推理或论证,在行动中检验假设从而解决问题。这就是一个学习活动的基本过程。

无法回避的问题是:人如何学习书本知识或间接经验?在杜威看来,书本知识或间接经验只不过是供人进一步验证的假设或帮助人解决问题的工具。因此,只有当人基于问题解决的态度探究地学习书本知识或间接经验的时候,它才对学习者产生意义。在一次非正式的演说中,杜威曾对实验学校的老师和家长这样说:

流行的运用课本的方法有两个流弊:第一,儿童养成了依靠书本的习惯,并且几乎本能地认为书本如不是取得知识的唯一道路,也是取得知识的主要方法。第二,书本的使用,作为课本,如果把人的思想置于被动和专一的状态,那么,儿童就只有学习,而没有探究。

杜威在另一场合曾区分了四种知识:(1)如何做的知识(knowledge of how to do);(2)亲知(acquaintance)这一意义上的知识;(3)以语言为媒介而获得的信息(information)或学识(learning);(4)理性的知识(rational knowledge)或科学。第一类和第二类属于直接经验的范畴,第三类和第四类属于间接经验的范畴。倘若人只有第一类和第二类知识,那会变得非常狭隘;如果只有第三类和第四类知识,那会变得僵化迟滞。在杜威的心目中,四类知识应当以个人的经验为核心组织为一个整体。杜威曾针对传统对待知识的态度,进一步批评道:

知识的记录本是探索的结果和进一步探索的资源,但是人们不顾知识记录所处的这种地位,将之视为知识。人的心灵会变成人类过去改造环境的战利品的俘虏,这些战利品不是作为战胜未知领域的武器和行动,而被用于固定知识、事实和真理的意义。

杜威不重视书本知识吗？如果把“重视”理解为将之作为“客观真理”现成地接受，那杜威确实不“重视”。但我认为杜威对课程领域的重要贡献是把知识从供人膜拜的祭坛上请下来，还知识以本来面目——主动地探究世界，这恰恰是对知识的重视。

既然知识的价值是探究，那么知识的学习必须探究地进行，这既包括对知识本身的探究，也包括运用知识探究社会生活。

最有价值的学习是活动课程；最有价值的知识是有助于人经验的改造，并有助于人主动地探究世界的知识。因此，活动课程在芝加哥大学实验学校中居于核心地位。

杜威所倡导的活动课程的基本特点可概括如下。

（1）活动课程在经验中、由于经验并为了经验。每一个儿童经验的生长是活动课程的出发点和归宿。让儿童的兴趣与努力携起手来，在解决问题中促进经验持续生长，这不仅是活动课程的过程，也是其根本目的。

（2）活动课程在生活中、由于生活并为了生活。每一个人既是有潜在创造性和独特性的人，又是关系中的人、社会的一个成员。每一个人经验的生长总是在社会生活中实现的。因此，活动课程不仅要植根于社会生活，而且要指向社会生活的完善。“教育和生活一同开始、继续和终结，一个统一的和有节奏的经验，一个个体的生命从这个经验诞生，一天天地得到它的营养，这个个体就是儿童。”

（3）活动课程不仅是理智的，而且是道德的。最有价值的生活是探究的、实验的生活。无论是科学探究，还是社会研究，本身就渗透着道德价值和伦理精神。探究是社会进步的契机。

二、杜威主动作业的课程思想

芝加哥大学实验学校的最大贡献之一是超越了把成人的学科逻辑直接呈现给儿童或经过删减后呈现给儿童的做法，创造了真正的“儿童的课程”。这种课程便是“作业”（occupations）。杜威常用的语汇还有“主动作业”（active occupations）、“社会性作业”（social occupations）。在我看来，这些概念都是同义的。在芝加哥大学实验学校，学生从事活动课程的过程即从事丰富多彩的主动作业的过程。

主动作业的理念是杜威的创造。他在不同场合、从不同角度对这一理念进行了充分论述。在《芝加哥实验的理论》一文中，杜威写道：

根据实验学校的工作假设，“作业”是观察人类发展的一个中心概念；学生自己所从事的作业，乃是使原始的和分散的冲动转化为时间广度足够长的活动的手段，这些活动，要求有预见，有计划，能进行追溯的检查，需要对联结原则有更多的了解和洞察力。在道德方面，就是这种连续性要求忍耐、坚持和彻底性——所有这些因素都有助于培养不同于人为地外加的真正的纪律。

作业把人类发展与每一个学生原始的冲动和后天的经验结合起来，把理智与道德结合起来。那么，这些究竟是什么？杜威在《学校与社会》（这是对实验学校的家长们的演讲集）中指出，所谓“作业”，是指“复演社会生活中进行的某种工作或与之平行的活动方式”。“大致地说，一切作业可以分为：通过获取食物维持生活去收集关于人与他生活于其中的世界之间的基本关系；获取衣物；获取避免伤害的住所并加以装饰，并最终提供使一切更高尚、更神圣的兴趣可以集中于其中的永久性的家。”这是着眼于儿童经验的发展而对社会生活中的典型职业进行分析、归纳和提炼而获得的各种活动方式，如商业、烹饪、缝纫、纺织、木工等。学校是雏形的社会，应根据理想社会的要求组织起来，而典型职业是社会的核心构成，因此，学校应将这些职业进行分析、转化，使之成为教育内容。这些内容因而又被称为“社会性作业”。

杜威和实验学校的老师们又常常对“作业”做广义的理解。如把学生的一日活动分为“手工作业”（车间、烹饪、缝纫等）、“理智作业”（历史、地理、科学、会话等）、“艺术表达作业”（造型、绘画、音乐等），并强调这些作业在时间上的平衡。这里的“作业”即指学生的主动操作活动或探究活动。不论何种作业，由于它基于学生的经验，因而是“主动的”；由于它来源于生活，因而是“社会的”。由于学生年龄阶段的差异以及作业类型的差异，学生的作业与社会生活的联系就有直接、间接之分。年龄较小的儿童的作业，更多直接源于儿童的社会生活。随着年龄的增长，学生的作业开始更多地指向科学探究本身，与学生的社会生活的联系越来越具有间接性。

主动作业的基本特点可概括如下。

第一，主动作业适合儿童经验生长的要求。不能把主动作业与借助某种技能获得外部实利的职业等同起来。主动作业不仅使儿童获得手工的技能和技艺，更主要的是获得智力的、道德的和审美的品质。这需要在主动作业的选择和实施过程中做到以下几方面。首先，主动作业必须基于儿童的兴趣并使儿童的兴趣获得连续的发展。杜威说，一种作业“必须是一桩连续的事情。它不只持续数天，而是持续数月、数年。它不是代表孤立的表面的能力的一种激动，而是代表沿着确定的总方针的一种稳定的、连续的能力的有机体。”在这种连续的作业过程中，对儿童的冲动、兴趣、经验不断指导，使其日臻完善。其次，主动作业的选择和实施必须尊重学生本来的经验，使之获得连续的生长。这意味着在作业过程中取消对儿童的过多限制。在幼儿园和中小学中有两个常见的错误：一是让儿童严格按照教师明确的指令进行活动，从而限制了儿童的判断力和首创精神的发展；二是害怕把原料供给儿童，所给儿童的都是着眼于对儿童的严格控制而加工过的材料，从而限制了儿童的操作和智力的发展。这两种情况都使作业局限于技能的层面，忽略了高级的智力的发展。杜威指出："学生作业的目的愈合于人性，或者愈与日常经验所要求的目的相近，学生的知识就愈真实。"经验也才能愈获得自由而充分的发展。总之，杜威强调主动作业的整体性，强调作业情境完整的感染力。

第二，主动作业源于社会生活，充满了具有社会性质的事实和原理，可以代表社会的情境。杜威认为主动作业使学校的整个精神得到新生。它使学校有可能与生活联系，成为儿童生长的地方。在这里，儿童通过其直接生活进行学习，而不只局限于各种抽象的和间接的东西。这样，学校就有可能成为一个小型的社会、一个雏形的社会。学生通过其联合的主动作业，可以不断发展其合作精神、社会能力和社会品质。因此，主动作业内在的社会价值可以使儿童的社会性不断臻于完善。

第三，主动作业作为科学地理解自然的原料和过程的活动中心，可以不断指向科学的逻辑经验的发展。从历史的发展看，各门科学都是从有用的社会作业逐步发展起来的。从个体知识的发展看，总是由"操作的知识""了解的知识"向"信息""科学"发展。主动作业正是儿童的心理经验逐步向科学的逻辑经验提升的中介。比如，园艺作业并不是为了培养未来的园林工人，更不是为了一时的消遣娱乐，也不只是为了获得园艺的某些技能。当通过园艺作业而使儿童了解农业和园艺在人类历史上和现在社会组织中所占的位置的时候，当通过园艺作业而使儿童有效地研究有关生长的事实、土壤化学、植物学、人与自然的关系等科学的原理与事实的时候，园艺作业的教育价值就得到充分展现。

第四，主动作业体现了方法与材料的统一，进而成为课程与教学统一的中介和途径。杜威说："作业和科学方法的联系至少与作业和科学材料的关系同样密切。"在科学进步缓慢的时代，有学问的人轻视日常生活的材料和制作法，特别轻视那些有关手工作业的材料和制作法。17世纪以来，实验科学兴起以后，在主动作业过程中，应用工具对付物质的东西并借此造成有用的变化，成为实验方法最重要的入门。在教育过程中，主动作业使课程与教学成为统一体。教学是特定课程的内在规定，课程也只有通过特定的教学得以实施。主动作业成为二者统一的中心。

第五，主动作业体现了"游戏"(play)和"工作"(work)的统一。杜威反对在游戏与工作的关系上持二元论态度。杜威认为不能把游戏和工作在心理学上的区别与在经济上的区别混为一谈。从心理学上看，两者的区别主要是时间跨度(time-span)的区别，这种区别影响目的和手段之间联结的直接程度。在游戏中，目的在于进行更多同类的活动，活动就是它自身的目的，而不是按将来具有的结果规定活动的进程。如果能预见到相当遥远且具有一定特性的结果，并且做持久的努力达到这种结果，活动的意义就会增加，这时，活动就逐渐变成工作。但是，从心理上看，游戏和工作都是同样自由的，都能从本身引起动机，都有一个内在的目的，这个目的使一个人的继续活动富有意义。如果认为游戏活动是短暂的，没有向前看的成分，没有作业的因素，那么，这种游戏会变成纯粹的身体活动，没有什么教育意义。如果使工作从属于外部的结果，把目的置于活动之外，使活动变为只是达到目的的手段，这样，工作会变成苦役或强迫劳动。杜威认为，游戏与工作的对立是由"人为的经济条件"所造成的，"人为的经济条件使游戏成为富者无益的兴奋，使工作成为贫者不合意的劳动"。当摆脱这种状况，游戏与工作就具有内在的统一性、一致性、连续性。"工作始终渗透着游戏态度，这种工作就是一种艺术"；游戏渗透着工作的因素，这种游戏就会更有意义、更有价值。杜威因而指出：学校所以采用游戏和主动的作业，并在课程中占一明确的位置，是理智方面和社会方面的原因，并非临时的权宜之计和片刻的愉快惬意。总之，主动作业最好地体现了杜威的经验课程理念。

图 2-1　约翰·杜威

杜威为什么能够创造"主动作业"的理念？因为"主动作业"最好地体现了杜威的教育哲学：知识与行动的统一，个人与社会的统一。在行动中检验并获取知识，在参与社会生活中发展个性，"主动作业"恰好能实现这两种诉求。

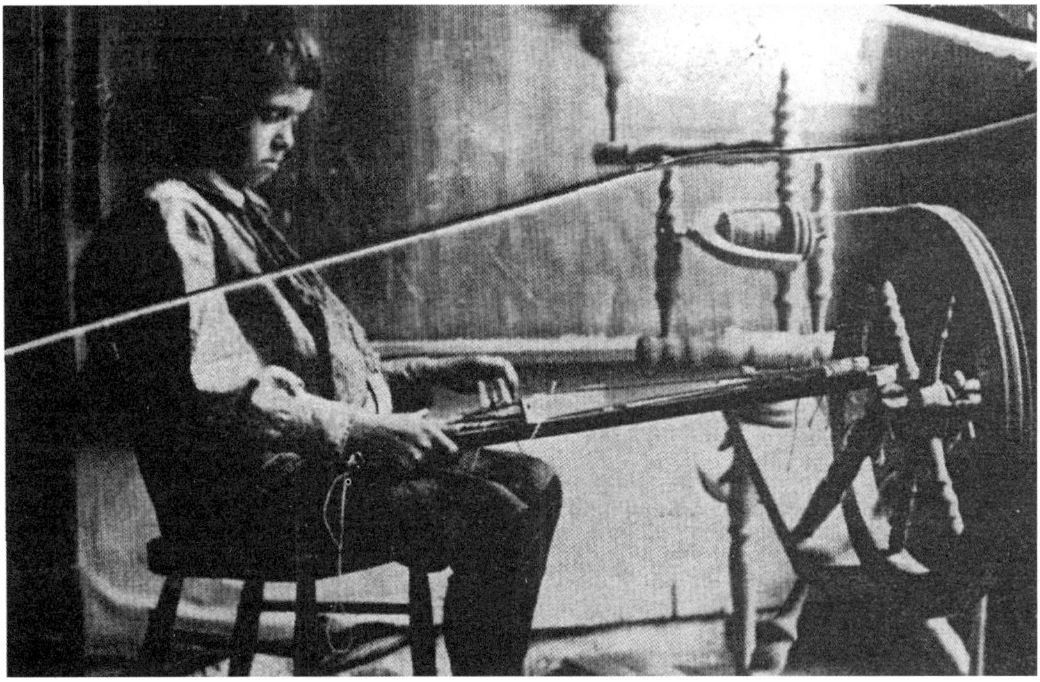

图 2-2　在芝加哥大学实验学校，一男孩正在纺车上织羊毛(1900)

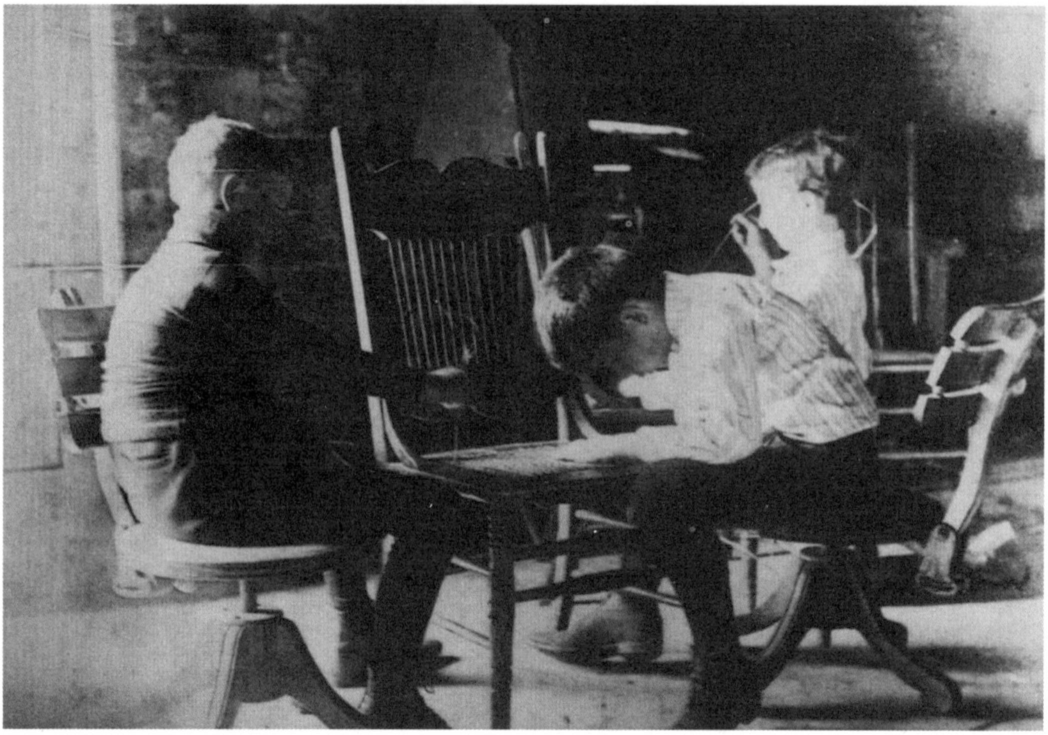

图 2-3　在芝加哥大学实验学校,孩子们正在做椅子(1900)

图 2-4　芝加哥大学实验学校中的俱乐部课题(Clubhouse Project)

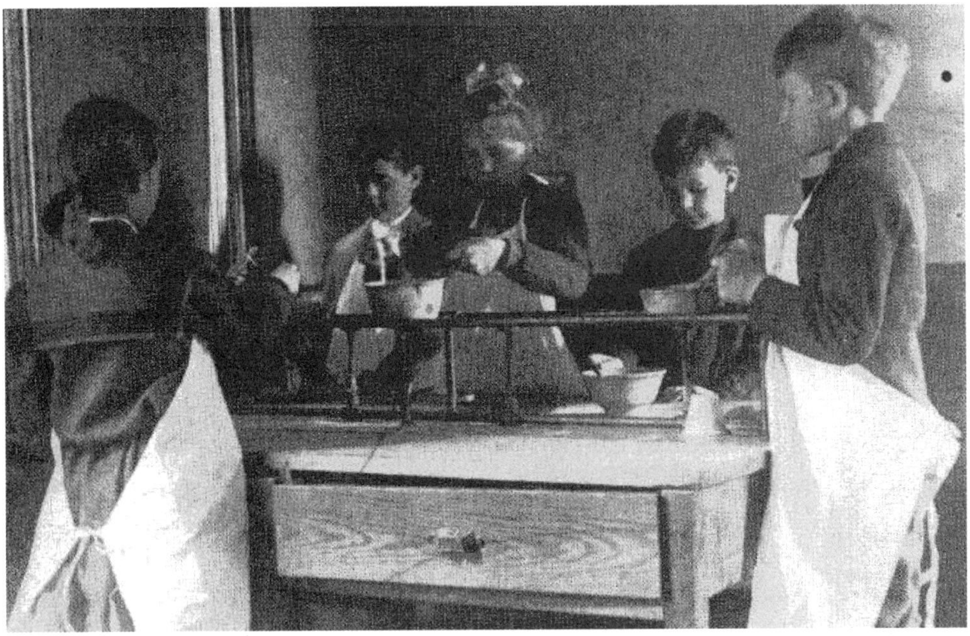

图 2-5 芝加哥大学实验学校中的作业

三、杜威活动课程思想的影响与时代超越

杜威开启了20世纪美国教育现代化的进程，影响了世界上包括中国在内的许多国家。“杜威的幽灵在美国课程中游荡，并在受美国课程影响的其他国家的课程中游荡，不管是在思想上还是在实践上。”尽管杜威的思想在美国教育领域中几经沉浮，但它依然活在今天。至少从小布什总统执政以来美国的教育现实看，越是当美国的教育趋向保守的时候，人们就越强烈地缅怀杜威。

杜威的思想具有永恒的魅力。之所以如此，是杜威用宽容的胸怀和睿智的心灵谨慎地研究了教育思想史，提出了关乎教育发展的一系列核心问题，并提出了他所处的时代所需要的教育方案。时过境迁，他的方案可能会失去效力，但他提出的问题是任何教育改革都无法回避的，具有永恒的效力。对活动课程而言，杜威提出了下列问题：(1)儿童的当下经验与学科课程的关系；(2)学校与社会的关系；(3)儿童不同年龄阶段探究活动的连续性与阶段性的关系；(4)同一年龄不同作业类型（探究活动类型）之间的关系；(5)儿童探究活动的内在价值的欣赏和工具价值的比较之间的关系；(6)儿童研究的自由与教师的指导的关系；(7)儿童的探究天性与后天的教育活动之间的关系；(8)儿童的探究与成人或专业人员的探究的关系；(9)儿童的独立探究与合作探究的关系；(10)探究活动中认识与行动的关系；(11)探究活动中理智与道德的关系；等等。这些问题是任何活动课程所无法回避的。

就今天的活动课程而言,至少需要在以下两个方面对杜威的思想和实践做出超越:

第一,把“疑难问题”和“意义问题”统一起来。诚如前述,杜威的活动课程理论与实践主要关注了“疑难问题”(problem questions)——从产生问题到提出假设再到通过主动实验来验证假设,但对人究竟该如何与世界和谐相处的问题——“意义问题”——关注不够。今日的活动课程应当以“意义问题”为核心并把“意义问题”与“疑难问题”结合起来。走出“为探究而探究”的格局,走向“为意义而探究的境界”。在人与自然的关系上,走出“人类中心主义”,确立生态伦理意识,使人和自然和谐相处。在人与社会的关系上,走出工具主义和社会控制论,使社会建基于“主体间性”和“文化间性”,尊重差异,和谐发展。

第二,重新确立个人人格的独立性。诚如前述,杜威的活动课程理论与实践对个人人格的独立性关注不够,个人变成了社会有机体中的一个动态的因素。杜威把“民主的共同体”作为社会理想的,具有积极、进步的历史意义。但这个“共同体”中的个人不能被视为一堆心理机能。恰恰相反,个人人格具有独立的尊严与价值。真正的民主并不漠视个性差异,而是尊重每一个人的人格尊严和个性特长,并保证其实现。

第二节　克伯屈的项目课程思想

学习提要

1. 项目的内涵包括项目即目的、项目即生活、项目即个人、项目拥有学习价值、项目具有道德品质。

2. 项目分为物质形态项目、审美体验项目、问题性项目、知识技能项目。

美国教育改革家、杜威的学生克伯屈于1918年发表《项目教学法》(*The Project Method*,旧译“设计教学法”)一文。克伯屈1918年5月31日写完这篇论文并提交给《师范学院学报》(*Teachers College Record*)杂志社,1918年9月论文正式发表。用美国著名教育史学家克雷明的话说,本文的发表旋即使作者克伯屈“骤然赢得美国与国际声誉”。由于文章的影响力太大,导致杂志供不应求,杂志社不得不将论文印成单行本发表,每本25美分,随后几年发行65000册。克伯屈本人在世界范围内被誉为“项目教学法先生”(Mr. Project Method)。由于克伯屈拥有非凡的演讲才能和人格魅力,他在哥伦比亚大学师范学院工作期间,围绕“项目教学法”开展了一系列演讲和研讨班,总共有3万多名学校教师和教育研究者参加了这些研讨与培训活动,这在师范学院的历史上可谓前无古人、后无来者,师范学院也因而成为“项目教学法”的圣地。克伯屈也为该学院筹得丰厚经费,因而又被称为“师范学院百万美元教授”。

一、项目的本质内涵

揭示项目(project)的本质内涵,是理解与实施项目课程、项目教学和项目学习的关键。

克伯屈的项目教育理论既是美国进步教育运动的有机构成,又将进步教育运动推向新的高潮。同时,克伯屈的思想既以其业师杜威的哲学为基础,又发展了杜威哲学。进步教育运动以教育民主为根本鹄的,至少在三个方面实现了传统教育的改造:第一,让教育回归生活、成为生活本身,由此使教育摆脱了历史悠久的封建等级主义和市场功利主义;第二,让教育建基于新知识观,知识不再是自上而下、由外及内传递的外部“真理”或学科“权威”,而是每一个人自己通过亲身实验、实践和验证的经验;第三,让教育采用新方法,教育不再是通过传递知识技能而像加工“原材料”那样“生产”心灵,而是“智慧行动”——真实的问题解决,教育的方法就是师生合作进行的知识创造、发明和应用的方法。

进步教育运动必然产生“进步课程观”。其中彪炳课程史的课程观至少有三个:第一,儿童即课程。以杜威于19世纪末创办的“芝加哥大学实验学校”及在此基础上撰写的《儿童与课程》为标志,儿童再也不只是被外部课程所改造的存在,儿童是课程的有机构成,儿童的愿望、目的、思想、经验、情感、个性、身体等本身就是“课程”的题中应有之义。第二,生活即课程。儿童的日常生活、儿童置身其中的社会生活和职业世界,不仅是分门别类的学科知识的学习情境和意义源泉,而且本身就是课程,儿童在探究和体验生活中持续成长和发展。杜威在实验基础上撰写的另一名著《学校与社会》集中阐释了生活与社会的课程价值。第三,方法即课程。不仅儿童学习的内容是课程,儿童的学习方式本身也是课程。“进步课程”必然要求“进步学习方式”。杜威的《我们怎样思维》被誉为“进步教育的圣经”。本书集中阐释的问题是“反思性思维”(reflective thinking)与教育过程的关系。核心观点是让教育过程变成“反思性思维”或探究,或问题解决。在这里,探究、创造本身就具有课程意蕴。学习课程就是学会探究与创造。克伯屈《项目教学法》一文的副标题是“目的性行为在教育过程中的应用”,这显然直接承继了杜威在《我们怎样思维》中的观点。

由此观之,进步教育运动是克伯屈项目教育理论的历史背景,以杜威为代表所创造的“进步课程观”则是克伯屈“项目教学法”的直接理论基础。

克伯屈用充满激情的哲学语言撰写了《项目教学法》这篇名垂青史的论文。他开宗明义地写道:

“项目”是最晚来叩教育术语的大门以求接纳的词汇。我们应当接纳这位陌生者吗?

克伯屈认为回答这个问题的关键是,“项目”这一“等待受洗”的词汇,其背后的理念或观念是否真正胜任迫在眉睫的教育思维方式和教育方法的转变。至于“项目”这一术语本身的具体内涵,克伯屈反复说过,与它所体现出的教育理念的重要性相比,要次要得多。在1918年,克伯屈写道:项目这一实际术语,与其所体现的观念相比……其重要性在我心中要相对小得多。1921年,他在为“项目教学法”所组织的一次论坛中又开宗明义地说道:项目这一特殊词汇,是个小事情。这一术语背后的观念或观点,则是重要因素。既然如此,当我们探讨项目课程、项目教学和项目学习的时候,应把重点放在它们所体现的新的课程观、教学观和学习观,而不必过度关注术语本身,也不能把它们归为某一种具体模式。

项目理念试图转变的传统思维方式和教育方法是什么?为什么要选择“项目”一词?克伯屈说:

儿童天然具有主动性,尤其是沿着社会道路而成长。然而迄今为止的强迫体制(regime of coercion)却太常态地把我们的学校仅还原为无目的的游荡地,把我们的儿童仅还原为自私的个人主义者。应对此现象,有些人却求助于幼稚冲动的愚蠢迎合。

传统教育的“强迫体制”是项目教学法试图摧毁的坚固堡垒。传统教育以奖励做诱因、以惩罚做威胁的训练方法和对书本知识死记硬背的方法正是这种“强制体制”方法论的体现。为了改变传统教学法所导致的学校教育的“无目的的游荡”(aimless dawdling)、学生变成“自私的个人主义者”(selfish individualists),克伯屈努力寻找一个概念,它能把教育过程那些相关重要方面完全整合起来;它必须强调行动因素、喜欢赤诚的、充满活力的活动;它必须恰当运用学习规律;它必须包含行为的伦理特性的本质因素。经过深思熟虑,克伯屈选择了“项目”一词。

项目是什么?克伯屈说:如果……我们把项目(project)视为‘向前设计’(pro-ject),选择这一术语的理由就能更好显现。因此,从字面看,有意识、有目的的研究、设计、创造,叫项目。进步教育就是面向未来、创造未来的教育。进步教育之“进步”(progressive),与项目有着共同的“前缀”,其含义就是“向前”“未来”。因此,项目教学法既体现了进步教育精神,又是进步教育的具体化。它毫无疑问也是杜威倡导的“反思性思维”的具体化。

总结克伯屈的前后论述,我们可以把项目的内涵进一步概括为如下方面。

(一)项目即目的

项目最重要的特征是对生活与学习进行有目的的设计与创造。克伯屈正是基于项目具有的目的性特征而选择了该术语。克伯屈写道:“我所寻求的统合性观念存在于下面这一概念中——在社会环境中持续从事的赤诚而富有目的性的活动。或者更简洁地说,这种活动的单位因素是热情的目的性行动。”“正是在这种目的性行动中,因其强调了目的一词,我自己运用了‘项目’这一术语。”后来,克伯屈更明确指出:我们把项目这一术语理解为目的性经验的任何单位,目的性活动的任何事例。在这里,主导性的目的是一种内在愿望:(1)它确定行动目标;(2)它指导行动过程;(3)它提供行动动力,行动的内部动机。

对项目的定义,克伯屈所使用过的术语包括:“赤诚的目的性活动”(wholehearted purposeful activity)、“热情的目的性行为”(hearty purposeful act)、“目的性经验”(purposeful experience)等。这个定义中有两个不可或缺的要素。第一,理智的目的性。即人对行动、行为或活动过程和结果的系统规划、设计与创造。目的性行动将手段、过程、一系列的行为变成一个有机整体,因此,项目具有整体性,是一个有机的活动单位(unit)。它试图解决的问题是传统教育因知识灌输、技能训练所导致的学生学习内容支离破碎、学习行为盲目混乱、学生心灵涣散机械。第二,情感的动力性。即人在活动过程中本身产生的理智快乐、探究兴趣、心灵激情、内在愿望、内部动机和成就动机。它试图解决的问题是传统教育因强制灌输和机械训练导致的学生学习兴趣丧失、精神萎靡和人格扭曲。理智与情感融合的活动,即为项目。由于克伯屈将目的(purpose)置于项目最核心的地位,他本人常常将项目与“目的性行为”两个术语交替使用,他的继承者甚至直接将目的等同于项目本身。

项目的具体形态是什么?克伯屈举例说:假如一个姑娘做了一件衣服,如果她确实基于热情的、流行式样的目的做这件衣服,如果她事先做了计划,如果她自己做的衣服,那么,我应当说,这是一个典型项目的事例。“做衣服”当然是有外部行为表现且可能产生外部产品的行动过程,但克伯屈认为,这一过程必须同时满足下列条件方可称为项目:(1)拥有明确而有力的目的;(2)目的一以贯之,渗透且主宰着活动的每一过程和步骤,使活动具有整体性;(3)活动过程始终洋溢着热情、激情与赤诚;(4)活动处于社会环境之中。把这些条件统合起来就得到关于项目的更完整定义:在社会环境中执行的赤诚的目的性行为即项目。同样是“做衣服”,如果不是主体主动制订或选择目的,亦非主体充满热情的主动行为,而是主体被动按别人的意志亦步亦趋行动,那么,即使最终结果是做出了精美的衣服,也不是“项目”,因为它违背了热情的目的性行为这一最根本的项目特征。

克伯屈将目的、情感和社会三个因素融为一体以形成其独特的项目理论。其“项目教学法”本质上是一种“项目哲学”,而非一种具体的教学方法。至于项目的表现形态则五彩缤纷、包罗万象、不拘形式。“我们可列举如下种种项目事例:一个学生写一封信(如果拥有热情的目的)，一个儿童如痴如醉听一个故事，牛顿根据地球动力学原理解释月亮的运动，德摩斯梯尼试图唤醒希腊人抵抗腓力二世，达·芬奇创作《最后的晚餐》，我正在撰写这篇论文，一个男孩基于热切目的解一个几何‘原点’问题。”这当然可以无止境列举下去。因此，在克伯屈那里，项目，一如杜威的经验，泛指一切创造美好未来的人类活动。克伯屈项目概念在某种意义上就是杜威经验概念的具体化。

杜威基于其独特的经验概念提出了“教育即生长”的著名命题，并进而指出：“教育的过程，在它自身之外没有目的；它就是它自己的目的。”那么杜威的“目的”(end)和克伯屈的“目的”(purpose)是什么关系？其共同之处在于：二者都旨在批判传统教育因向学生强加静止的外在目的所导致的教育的机械训练倾向，以及学生心灵涣散、创造性萎缩和个性扭曲；二者都主张回归教育的内在价值和内在目的，即儿童的生长本身；二者都强调教育过程本身的价值，反对目的与手段、结果与过程的二元论。其不同之处在于：杜威的“教育即生长”是从宏观、整体上指出“进步教育”的方向：回归教育的内在价值——尊重儿童天性、发展儿童首创精神和个人的理解力；克伯屈的“项目”则是在微观、具体层面实现教育的“生长”价值的机制：将儿童的所有活动转化为“项目”，通过儿童热情而有目的的探究、创造活动实现不断生长。杜威的“生长”是美好理想，克伯屈的“项目”则是实现理想的机制，二者的关系恰如细胞的分裂、增殖构成了机体的生长。

(二)项目即生活

项目是目的性行为，但并非所有目的性行为都是项目。构成项目的目的性行为是有价值的生活的典型单位。在克伯屈看来，“有价值的生活”(worthy life)的含义至少包括如下三个方面。

第一，“有价值的生活”是自由自觉的生活、有目的地设计与创造的生活，而非随波逐流的生活。“我们谴责那些被动接受‘命运’安排、仅仅等待机会眷顾的人。我们崇敬那些掌握自己命运的人，他们审慎思考整个情境以形成清晰而富有远见的目的，他们基于美好关切之情计划并执行已经形成的目的。”因此，生活的目的性或自觉性是生活的价值之一。项目课程的目的之一是培养能够自由自觉、有目的地生活的人。

第二，“有价值的生活”将个人生活与有价值的社会目的融为一体，体现“民主公民”(democratic citizenship)的理想。有价值的社会目的即民主的社会生活，其对立面是农奴或奴隶的生活。“民主公民”既拥有自由的个人生活，又拥有利益共享而充分互动的社会生活。他们“同时满足实践效率与道德责任的需要”。“同样真实的是，目的性行为不是农奴或奴隶的生活单位……而是民主，我们这里深思熟虑且充满关切的是民主。”因此，“有价值的生活”的第二个含义是民主的生活。

第三，“有价值的生活”构成学校教育过程与儿童的学校生活本身。克伯屈说：“正如目的性行为如此构成了民主社会中有价值生活的典型单位，它也理应成为学校过程的典型单位。”克伯屈认为，既然自己做主的目的性行为本身就构成了有价值生活的典型单位，那么，当教育过程建基于儿童的目的性行为的时候，它也就成为有价值生活本身。教育与生活由此彻底合二为一。如果目的性行为如此构成教育生活本身，那么，我们自可推定，还能有什么比今日就实践这种生活能更好地为以后的生活做准备呢？我们都听说过那句古老的谚语“在做事中学会做事”，丰富智慧存焉。因此，在今日学校生活中，儿童在教师的明智指导下，必须有尽可能多的自己制订目的的机会，必须要对自己的选择和行为承担责任。儿童们在不同的目的性行为中做出判断，学会辨别好的行为与坏的行为，学会选择好目的、摒弃坏目的。

教育即生活，而非未来生活的准备。这是自18世纪启蒙运动至20世纪民主化运动不断发展的重要教育理念，构成现代教育的本质内涵。卢梭通过批判“教育准备说”深刻揭示教育的封建等级主义与专制主义根源，认为一切为将来做准备的教育是“野蛮的教育”。杜威在卢梭基础上又一次批判“教育准备说”，则旨在揭示资本主义社会教育中日益膨胀的功利主义，其后果是将教育的过程与结果、手段与目的割裂开来，为达目的不择手段，为求结果不顾过程，由此导致儿童生活的工具化、功利化。唯有让教育回归儿童生活本身，才能既摒弃专制主义，又摆脱功利主义。克伯屈的项目理论则找到了实现教育与儿童生活融为一体的具体途径：通过将儿童的活动转化为热情的目的性行为，既发展儿童的自由个性，又发展儿童的社会责任感。儿童由此成为“民主公民”，儿童生活由此成为“有价值的生活”。

（三）项目即个人

既然项目是每一个儿童的热情的目的性行为，它就是个人的目的的化身，体现了个人的意志，指向个人的个体性、独特性之成长，一言尽之，项目即个人。在《项目教学法》发表12年后，克伯屈出版《我们教育的任务：以变革中的南方为例》一书。他在此书中明确指出：“无论教育做什么，它都必须致力于建设个体性（individuality）。”怎样建设个体性？克伯屈写道：“这是一个艺术家与情境之间的来回穿梭过程。在此过程中，二者都得到转化。在艺术家将情境塑造为新形式的同时，艺术家也重建了自己。”艺术家的创作是“做项目”的典型形态，作品或项目实现了个人与环境的连接，作品或项目的完成及其创造过程实现了个人与环境的双重转化、双重升华。在做项目的过程中实现了个性的“整合”（integration）：分离的个性因素被融合为平衡的整体。克伯屈认为：如此建设个体性是一项值得呼唤所有潜在努力的任务。倘若缺失了个体性，必然导致同质化。当人的学习或其他社会活动走向“同质化”（sameness）的时候，必然导致社会生活的平庸化。克伯屈写道：“当同质化一统天下，事物的意义就只是被复制。整合性则恰恰被忽视。生活则由此变得极为平庸与贫困。”当教育走向“标准化”，或让教育服从整齐划一的、独断论的“科学规律”，必然走向同质化，必然扭曲学生个性，必然导致社会生活的平庸与贫困。

克伯屈认为，在项目学习中，儿童能够表达自己的独特性，发现同伴的个体性，并通过关心与学习不断形成自我与他人之间的交互性。他写道：“我们置身所有这一切，关切建设个人,建设个体性的杰作,建设不断自我成长的个人,建设永远尊重他人的同样自我成长的个人。"由此可见,在克伯屈的项目理论中,个人与个体性具有优先性。尽管他也强调"群体项目"和交互性,但这都建立在个人与个体性的基础上。

杜威确立了"共同体"(community)与民主教育的理念,提出了"学校即社会""教育是社会过程"等教育哲学观念。但不可否认的事实是,杜威过度强调个体的功能性和社会性,因而弱化了个体的独特性。正如哈佛大学哲学家桑塔亚那对杜威的评论:"在杜威那里,一如在时下的科学和伦理学那里,弥漫着一种准黑格尔主义倾向。它将个人(the individual)消解于其社会功能中,也将一切实体性和现实性事物消解于相对性和过渡性事物。"克伯屈在进步教育运动时期通过其"项目教学法"重新强调个人和个体性的价值,是对杜威思想的补充与发展。克伯屈的项目理论也因而呼应了当代存在主义教育思想对"个人"的尊重。也许正因如此,美国著名课程理论家派纳将克伯屈的思想与当代存在主义教育哲学家格林加以比较,并将项目理论与他自己确立的"自传课程理论"并置讨论。

(四)项目拥有学习价值

克伯屈提出"项目教学法"时,正值其在哥伦比亚大学师范学院的同事桑代克发表三卷本《教育心理学》、提出"学习规律"、建立教育心理学时期。克伯屈接受桑代克影响存在历史必然性。例如,克伯屈说"获得或改变连接(bond),我们称作学习。对建立或改变连接的条件的仔细陈述即学习规律"。这显然是直接引用桑代克的学习观。再比如,克伯屈大篇幅地用桑代克的"准备律"和"定式原则"来论证项目的"目的性行为"的意义,用学习的"效果律"(学习结果所导致的满意或烦恼的情绪)来论证项目的心理情感的价值。凡此种种都给人一个强烈印象,似乎克伯屈的项目理论是建立在桑代克的"学习规律"学说的基础之上的。但统观克伯屈《项目教学法》全文,不难发现:他采用桑代克的"学习规律"具有形式性和策略性。桑代克关于"人类学习"的观点是在动物实验的基础上归纳出来的,用这些观点解释"项目教学法"或"项目学习"当然在某些方面有其合理性。但是,桑代克的学习观的本质是借助"外部强化"建立"刺激-反应连接",这与"项目学习"的高级思维本质大异其趣。至于"项目学习"的心理学基础,与桑代克相比,杜威的心理学理论,特别是其"反思性思维"的心理机制,更适切些。

克伯屈对项目教学和项目学习彪炳青史的贡献是将人的学习划分为"主学习""副学习"与"附学习",并由此指出项目的独特学习价值。所谓"主学习"(primary learning),即人所学习的直接对象、主要内容。它是由"主反应"(primary responses)所引起的学习。例如,如果项目学习的内容是制作风筝,那么"风筝"就是"主学习"。所谓"副学习"(associate learning),即人在学习过程中所发生的与直接对象、主要内容最接近、最相关的内容。它是由"副反应"(associate responses)所引起的学习。例如,在制作风筝的项目中,学生必然会用到各种材料及相关学科知识,如木材、竹子、金属、纱布、绳子等材料,还会探究流体力学、几何学、材料科学等相关知识。这些相关材料和学科知识的学习就属"副学习"。

克伯屈写道："关于副反应，我们是指那些暗示着的思想，它们与主反应有相当紧密的联系，并与所使用的材料和所追寻的目的存在相当紧密的联系。"所谓"附学习"(concomitant learning)，即人在学习过程中所发生的与直接对象、主要内容间接相关的内容。它是由"附反应"所引起的学习。例如，在学习制作风筝的过程中，学生既可能学会了严谨、细心的工作态度，也可能对物理学、工程学或中国传统文化产生了进一步的思考。克伯屈说："附学习"或"附反应"，"导致态度和概括方面的终极结果"。克伯屈认为，在"副学习"和"附学习"之间很难做出清晰的划界，它们都是与"主学习"相伴而生的学习。项目，因其明确的目的性，不仅使人的"主学习"具有整体性、积极性和持久性，更为重要的是，它使相伴而生的"副学习"和"附学习"极为丰富多彩，其积极效果能够广泛迁移且持续终生。

由于人拥有理智能力，能够运用推理、抽象、概括等方法将目的与手段区分开，并重新加以整合；也因为人的理智从来都是与情感形成血肉般的有机联系，由此形成只有人才具备的独特的情理结构。因此，人的学习是最复杂的，既具有高度的理智性，又具有高度的情感性。项目学习的独特价值就在于它适应了人的学习的复杂性特点。克伯屈对"三种学习"的划分极大深化了对项目和项目学习价值的理解。在《项目教学法》发表20年后，杜威出版了晚年的教育名著《经验与教育》。在本书中，杜威指出："也许教育学上最大的错误在于，一个人所学的知识只是他当初学到的特定的东西而已。"之所以将之称为"最大的错误"，是因为在学习"特定的东西"的过程中，个体可能被剥夺了天赋能力，丧失了对事物的判断能力，泯灭了继续学习的渴望，甚至丧失了自己的灵魂。杜威因此提出了一个重要概念"附带学习"(collateral learning)："作为一种能够形成忍耐态度、个人好恶的学习方式，可能而且往往要比拼写课、地理课或历史课的学习重要得多，因为这些态度是未来学习的根基。"这里的"特定的东西"的学习相当于克伯屈的"主学习"，而杜威的"附带学习"则相当于克伯屈的"副学习"与"附学习"的结合。"附带学习""副学习"与"附学习"三个概念集中体现了人的学习的复杂性、创造性与情感性，它们奠定了项目学习的理论基础。

(五)项目具有道德品格

克伯屈认为，"道德品格(moral character)主要是一个共享的社会关系事件，是根据群体的福祉决定自己的行为与态度的倾向"。项目植根于社会环境。项目学习本质上是一种复杂的社会合作学习。学生在从事项目学习时，既需要拥有合作解决问题的知识、技能与能力，又需要有为群体福祉服务和奉献的态度。因此，道德品格内在于项目之中。克伯屈这样写道：

> 我认为在目的性活动的体制中建设道德品格的可能性，是项目支持的最强有力的观点之一。与之相反，我们习惯上通过"每个人孤立坐在自己课桌前完成固定任务"而培植

自私的个人主义的倾向，则是传统教育支持的最强有力的观念之一。

无探究则无创造，无合作则无道德。项目学习既具有探究性，又具有社会性，因而提供了实现创造性与道德合二为一的理想途径。道德的创造性构成"民主公民"的品格基础。

二、项目的类型

克伯屈认为："所有种类的学习以及学习所产生的所有向望的后果，与学习中所呈现的目的的赤诚性成正比地发生。"既然如此，所有学习内容或课程都必须转化为项目，方可产生理想的教育结果。那么究竟存在哪些类型的项目？克伯屈在《项目教学法》中概括写道：

> 让我们考虑对不同类型的项目加以分类：类型1，其目的是以外在形态体现某种观念或计划，如造一条船、写一封信、表演一个戏剧；类型2，其目的是享受某种（美学）经验，如听一个故事、听一场交响乐、欣赏一幅画；类型3，其目的是克服某种理智困难、解决某个问题，如确认纽约市经济增长是怎样超过费城的；类型4，其目的是获得某项或某种程度的技能或知识，如学会在桑代克量表上写出14绩点、学习法语不规则动词。显而易见的事实是这些分类或多或少是重叠的，而且一种类型可用作手段以实现另一类型的目的。我们饶有兴趣地注意到，在这些界定中，项目教学法合乎逻辑地包含问题教学法（the problem method），以后者为特例。

克伯屈在这里以改造传统教育为目的，立足实践需求，对项目加以分类。该分类既增加传统教育缺失的课程类型及相应内容，又对传统课程的改造指明方向。

三年以后，在"项目教学法的危险与困难及其克服"的专题研讨会上，克伯屈又进一步说明和澄清了项目诸类型。分类的依据依然是"主导性目的"（a dominating purpose）的性质。他写道："项目……可以指实际上由主导性目的所驱动的任何种类或式样的生活经验。"我们将克伯屈的前后论述结合起来，阐述各类型项目的特征如此。

（一）物质形态项目

这类项目的主导目的是"做、制造或实现，以物质形态（material form）体现观念或期望"。克伯屈将之称为"类型1"。这里的物质材料可以是陶泥、木材、布料、大理石、颜料等，也可以是一封信、一篇演讲稿、一首诗、一曲交响乐或一篇祈祷文。其最终完成的作品"可以小到儿童在海边上完成的沙堆，大到亚历山大大帝的帝国"。作品持续的时间"可以瞬间建成并在建设过程中湮灭，也可以像牛顿的《数学原理》那样花费长久的时间去完成,作品完成后持续久远”。判断物质形态项目的标准主要不是外在形态,而是所体现的目的的特征:“体现观念了吗? 存在实现观念的有活力的目的吗? 存在由该目的主导的连续努力做出的行动吗?”这类项目中,观念、目的和行动才是最重要的。

物质形态项目亦可称为“建造性项目”(constructive projects)。杜威曾指出,人生而具有“建造性冲动”(constructive impulse)或“创造本能”(the instinct of making),是指儿童在游戏、运动、建造材料等方面表现出来的先天兴趣。人基于这种“建造性冲动”投身世界,在世界中选择材料,通过对材料的建造或创造而物化自己的观念,这既是人的“自然化”的过程,又是自然的“人化”过程。举目望去,世间一切“人造物”无不是人的观念物化的结果。不同性质的观念物化所形成的形形色色的社会组织,即构成不同的社会职业。正是为了满足不同职业的发展需要,人们创造了分门别类的学科知识。因此,学科的本质是职业操作或观念物化。人不是通过静态地观察、被动地反映世界而获致“真理”、理解实在,而是在参与世界的过程中基于观念用双手去创造世界、洞悉世界。人只有改变了世界才能理解世界。传统教育、传统课程与教学的最大问题是秉持静态实在观、知识观与方法论,这是18世纪形成的“感觉经验论”的遗留,由此导致的结果是既忽视学生与现实世界的直接接触,又忽视学生基于观念对物质材料的动手操作。这种“感觉经验论”及相应的静态真理观又呼应了“劳心者治人、劳力者治于人”的旧式分工,由此延缓了社会与教育的民主化进程。这就是杜威为什么要通过“做中学”和“职业取向的课程”(occupations-oriented curriculum)改造传统教育的理由。克伯屈大力倡导物质形态项目,并将之置于首要地位,正是为了进一步落实杜威“做中学”的教育观和“主动职业”(active occupations)的课程观。克伯屈写道:“我们的学校——至少根据我的判断——确实需要大力增加第一类项目中可能存在的社会活动。”同伴合作进行的物质形态项目既体现了进步教育或民主教育的本质,又是传统学校中被长期忽视的内容,因而尤其需要加强。

(二)审美体验项目

这类项目的主导目的是欣赏或汲取“一种审美体验”(an esthetic experience)。克伯屈将之称为“类型2”。儿童或成人欣赏烟花、马戏表演、士兵检阅,或者观看蜂鸟逃离老鹰追捕、蜘蛛织网并捕食苍蝇,或者欣赏落霞、《蒙娜丽莎》的美丽,或者听故事,看小说,欣赏莎士比亚的戏剧。与第一种类型即物质形态项目相比,这类项目似乎是相对安静而被动的,似乎不应被称作“项目”。但是,当我们联想到有人在《米洛斯的维纳斯》雕像面前流连忘返、热泪盈眶的时候,有人阅读《红楼梦》彻夜不眠、心潮澎湃的时候,我们就能理解克伯屈的话:“在所有这些体验中,存在着许多活动。”因此,判断是否为项目的标准不是外部肢体的活动,而是是否有目的的呈现。在审美体验活动中,“目的因素引导着过程,而且,我必须认为,也影响着欣赏力的成长”。因此,只要有热情的目的引导着持久的活动,就构成项目的充分条件,包括欣赏人世间的文学艺术作品,以及大自然中的日月星辰、山川湖海、花鸟虫鱼。判断的标准是:存在一个目的以让人投入、汲取和欣赏该经验吗？该目的是引导看或听的行动，如上述那些例子那样？如果存在这一目的，那么所描绘的这种经验就是第二种类型的项目。

审美体验项目亦可称为“艺术项目”。人未必是世界上最美的存在，却是唯一能够审美的存在。由于人有意识，人就容易“表演”从而失去自然，由此变得不那么美。所以杜威说，动物比人美丽。也正因为人有意识、目的和价值追求，能够向往更美好的生活，于是人有了审美需要、体验与能力。审美体验让人能够超越现实世界，基于精神需要改变和创造实在，因此，它是人的创造力的源泉与目的。杜威说人生而具有“艺术本能”(the art instinct)，又叫“表现性冲动”(the expressive impulse)，审美体验项目正是建基于人的“艺术本能”。在人的成长过程中，审美体验项目发挥着独特功能。人在审美过程中安静下来，与世界融为一体，慢慢欣赏与汲取世界上一切美丽的东西，以滋养人性与个性的成长，并在此过程中学会欣赏与汲取。因此，审美体验项目与物质形态项目二者一静一动，相互补充、相互作用，构成人的发展的“两翼”。

(三)问题性项目

这类项目的主导目的是“解决一个问题，解开并因此平息一个理智的纠结或困难”。克伯屈将之称为“类型3”。我们知道，“类型1”也始于问题，那为什么还把“问题”作为单独一类项目呢?“类型3”与“类型1”的区别在哪里？首先，二者存在密切联系，都是以问题为核心。克伯屈写道：“问题有其自然的情境和起源，至少在种族的历史上是这样，旨在追求某种目的。这样，无论对个人还是种族，它都是第一类项目的隶属部分。”这就是说，在自然情境或日常生活中，问题性项目和物质形态项目是合二为一的，因为后者包括了前者。其次，“类型3”具有特殊性和相对独立性。伴随人类文明的进步，特别是学术领域的产生与发展，有些问题就从自然情境或日常生活中慢慢分离出来，获得相对独立性，解决问题的方法也具有了领域的独特性，由此形成“问题性项目”。克伯屈说道：“随着理智的成长，产生了相对独立的问题的可能性。对理智的心灵(the intellectually-minded)而言，问题拥有自己的控制力。问题的解决拥有自己的技术，可以确定的是，该技术因探究领域而变化。”因此，问题性项目为了学生智力的发展，旨在培养学生理智的心灵。判断的标准是：是否受理智性目的所主导。“第三种类型的项目首先要隐含着一个感受到的困难，一个问题；其次，有一个解决该问题的目的。”

人是一种理智性存在。提出理智问题，从事“观念的游戏”，是人的理智发展的基本特征。杜威说人拥有“探究本能”(the instinct of investigation)。问题性项目正是建基于人的“探究本能”之上。这类项目的实施过程，克伯屈说：“所使用的步骤正是杜威对思维的分析。”这是指杜威对“反思性思维”五要素的分析，包括投入情境、提出问题、提出假设、做出推论、通过实验行动验证假设。

（四）知识技能项目

这类项目的主导目的是获得某条或某种程度的知识或技能，或者更一般地说，获得一个人在一个具体领域想获得的自己的教育经验。克伯屈将之称为“类型4”。在克伯屈看来，学校教育的一个重要功能是帮助学生学习未来将有效使用的知识技能。学生热情而有目的地学习他所需要的知识技能，也是项目学习。学校工作场所的一个特别有价值的目的是人意图将手头已有的或多或少的观点组织起来，并将之储存到记忆中以便后来有效运用。至于因这种观点组织的过程将目的放在类型1，还是因观点储存于记忆中将目的放在类型4，这无关紧要。克伯屈的意思是，对具体知识技能的学习，是通过“物质形态项目”间接地学，还是作为知识技能项目直接学，就知识技能的掌握而言，并不重要。只要学生满怀激情、目的明确且积极主动地学习知识技能，这就是在进行项目学习。因此，判断的标准依然是学习的目的：主导性的学习目的是项目类型4的本质。

众所周知，杜威主张将所有知识技能的学习都变成探究或问题解决的过程，并与社会生活，特别是职业世界联系起来，因此，知识技能的熟练就成为探究、创造、做事的副产品。只有通过“类型1”“类型3”或二者结合的学习，才是理想的学习。但克伯屈与杜威在这里存在细微区别。由于独特而外延宽广的项目概念，知识技能被转化为项目而直接学习。因为知识、技能和信息的数量庞大、种类繁多、用途包罗万象，人们学习它们的目的也复杂多样，有些内容直接学习未尝不可，如心怀崇敬而有意识地记住父母的生日，负责任而有目的地记住常用电话号码等。但这类学习不宜太多，因其发展人的理解力和创造力的作用有限。同时，也不能忽视其他类型的项目。克伯屈尽管提出了“类型4”，但明确指出传统学校中“类型4”，甚至“类型3”的比例太高了，需要增加“类型1”。

统观克伯屈的项目“类型学”，我们可发现下列特点：第一，贯穿所有项目类型的最根本特征是目的性行为及其在教育过程中的作用；第二，根据项目内容加以分类且依据其教育重要性进行排序；第三，这些类型彼此之间穿插、渗透并相互作用，类型划分具有相对性、策略性；第四，克伯屈的项目类型观是对杜威教育理论的应用、发展和具体化。

克伯屈的项目教学法和项目课程理论对21世纪信息时代的“项目学习”至少存在下列意义：第一，把项目理解为信息时代每一个学生创造既体现个人价值，又承担社会公民责任的有价值的生活的教育哲学——项目教育观，而不能只是将之作为一个具体的学习模式或方法；第二，作为理智、情感与社会融为一体的“热情的目的性行为”，项目将有助于每一个学生在信息时代建立强大的“自我概念”（self-concept），以应对信息时代个人可能存在的“身份危机”；第三，项目学习的宝贵价值之一是其所形成的对学习本身的热爱，是伴随“主学习”而产生的一系列迷人的“附带学习”，这将有助于培养信息时代的终身学习者；第四，项目教学法的“道德品格”，即在群体项目中合作实现共同目的，有助于培养信息时代所需要的“协作性思维”和“复杂交往能力”；第五，物质形态项目、审美体验项目、问题性项目、知识技能项目的有机结合，为信息时代项目学习的整体设计提供了有用线索；第六，将“生成性”作为项目课程的第一原理，有助于让信息时代的项目学习成为真正的“深度学习”。

总之，尽管距离《项目教学法》一文的发表已经100余年，但克伯屈的项目教育理论依然闪耀着光辉。

本章小结

本章从历史维度考察综合实践活动课程的发展。杜威在理论上系统讨论了活动课程的系列问题，并在实践中积极践行活动课程。杜威活动课程思想的具体实践形态是主动作业。杜威活动课程的思想影响了包括中国在内的许多国家。作为杜威的学生，克伯屈提出了项目课程的思想。克伯屈的思想既以杜威哲学为基础，又发展了杜威哲学。在信息时代的今天，综合实践活动课程的新发展要吸收并合理借鉴杜威与克伯屈的课程思想。

【思考与练习】

我国综合实践活动课程如何既拥有国际视野，又建立在我国文化传统和民族教育传统的基础之上？请谈谈你的看法。

【推荐阅读】

1.[美]杜威.民主主义与教育[M].2版.王承绪，译.北京：人民教育出版社，2001.

2.W. H. Kilpatrick(1918). The Project Method.New York City：Teachers College.

第三章
综合实践活动课程的国际视野

当学校能在这样一个小社会里引导和训练每个儿童成为社会成员，用服务的精神熏陶他，并授予有效的自我指导工具时，我们将拥有一个有价值的、可爱的、和谐的大社会的最强大的并且最好的保证。

——杜威

在西方，与我国的综合实践活动课程相对应的课程包括两类：一类是"项目学习"（project-based learning），另一类是"服务学习"（service learning）。"项目学习"是从事实与人的好奇心出发开展的探究活动。"服务学习"是从价值与公民的责任心出发开展的社会实践活动。探讨国际上的"项目学习""服务学习"及二者的关系，将有助于加深对我国综合实践活动课程的理解，深化其实践。

第一节　项目学习的含义与实施

学习提要

1. 项目学习既是一种课程与教学理念，又是一种学习方式。

2. 项目学习的实施是由特定的阶段组成的。"项目学习"的实施可分成"课题计划与启动""课题实施""课题反思与结论"三个阶段。

一、项目学习的内涵

项目学习既是一种课程与教育理念，又是一种学习方式。作为一种教育理念和教育哲学，它所体现的是“教育即研究”的理念，教育过程是学生在教师指导下有目的地研究、设计、创造事物并产生自己的观念或理解的过程。作为一种学习方式，项目学习把学科知识与真实生活情境有机联系起来，生成开放性的问题或主题，学生围绕问题或主题从事充满热情且目的明确的系列探究活动，形成观念物化的系列作品，发展批判性思维和创造性思维等高级思维能力，以及培养热爱学习和解决问题的情感态度。项目学习的关键要素是形成有意义的项目、凝练关键概念或“大观念”、提出引导性问题、投入高级思维、形成观念物化的作品、对活动过程和结果的反思和判断。项目学习有下列根本特征：(1)它是学生的真实研究和智慧行动；(2)它立足学生的真实生活；(3)它体现学生的文化特征与个性特征；(4)它是学校的核心课程。

作为一种课程与教学取向，“项目学习”(project-based learning，简称PBL)起源于16世纪末罗马和巴黎的建筑学校或艺术学院中，到18世纪中后期，它作为一种学术和教学方式在教育中正式获得认可。自18世纪中后期直至19世纪末，经过100多年的演进，“项目”(project)由建筑领域拓展到工程领域，成为理工大学的常规教学方法，而且由欧洲移植到美国。从19世纪中后期直至20世纪初，“项目学习”成为手工训练学校的普通教学方法，并将这种手工训练普遍应用于从幼儿园至高中的普通公立学校中。从20世纪初直至20世纪60年代，在美国进步主义教育思潮和进步教育运动的影响之下，“项目理念”(project idea)和“项目教学法”(project method)被重新界定，被视为民主化时代培养学生自由个性、民主素养的基本理念和方法，是民主社会的基本要求。这样，关于“项目”的理念和方法不仅在美国迅猛发展，而且被重新移植回欧洲。20世纪70年代以来，“项目”理念和方法重新复兴，在欧美和东亚国家特别是北欧和中欧的国家，以及美国、日本被广泛倡导，众多当今教育改革运动如“综合学校运动”(comprehensive school movement)、“社区教育运动”(the movement for community education)、“开放课程运动”(the movement for open curriculum)、“实践学习运动”(the movement for practical learning)等，都把“项目教学法”作为实施其改革方案的重要策略。倘从19世纪中后期算起，这是第三次在世界范围内倡导“项目”理念和方法。进入21世纪，伴随信息技术、知识经济和数字化时代的到来以及教育民主化运动的新进展，“项目学习”已成为世界基础教育领域的基本教学方式和课程取向之一。

总结百年来“项目学习”理念的发展，我们对其思想基础可至少获致如下三点结论。

第一，启蒙运动以来“儿童的发现”。人在儿童阶段具有内在价值，每一个儿童都具有独特价值。儿童的内在价值、独特价值集中体现在儿童自己的思想之中。儿童的思想在表达和实现中发展。“项目学习”是儿童思想发展的内在要求。

第二，教育的民主精神。教育不仅为了民主主义的社会理想，而且本身必须组织为民主生活方式，这是民主化时代的必然要求。“项目学习”立足社会生活和社会问题，在学校和社会之间架起桥梁。而且，“项目学习”本身充满了对差异的尊重和民主合作精神。

第三，教育的理性精神。现代科学的一大成就是引发了“教育革命”，使教育摆脱了单纯的信仰教化和规范灌输的古老形态，建立在理性反思的基础之上。教育不仅为了科学进步，而且本身必须是科学的——具有科学研究的本质特性。教育即研究。学习是学习者主动探究生活和学科的过程。“项目学习”是把学生视为真正的研究者而主动探究其生活的过程。

二、项目学习的实施

仔细阅读案例，思考“项目学习”是如何实施的。

在活动中共同成长

开学初，在我校掀起了实施研究型课程的热潮。尽管对“研究型课程”只具备初步的认识，但我和我的学生们还是满怀着憧憬与热情，投入其中。虽说活动并不如期待中的顺利，却也使孩子们获得了较大的收获。

1. 确立课题，首遭挫折

兴趣是学生最好的老师，只有学生深感兴趣的课题才是真正值得大家共同倾注时间与精力的课题。为了使我们的选题课获得圆满成功，我精心准备了这堂课的开场白，以调动学生的积极性：“同学们，探究活动能活跃我们的思维，培养我们的观察能力、表达能力、合作能力和实践能力。当一次探究活动进入尾声时，你一定会发现你的知识增长了许多，你的各方面能力也提高了许多。想不想尝试一下？”

哇，课堂的气氛比我想象的还要热烈。孩子们天马行空，强烈地表达着自己观点。他们有的说，想研究矿泉水，了解它所含有的矿物质对人体究竟有什么好处；有的说，想研究太空，了解未知的宇宙到底是怎样的；也有的说，想研究沙漠，了解有哪些耐干旱的植物能在沙漠上生存；还有的想研究蔬菜、水果、服装、道路；等等。如果说课堂伊始我还为自己的动员成功而沾沾自喜的话，那么当这节课收尾时我已深感失望了。39颗脑袋代表的是30多个不同的观点，他们各执己见，互不相让。但是，难道就简单地予以否定吗？那岂不是抹杀了孩子们探究的热情。而且研究型课程强调我们必须尊重儿童学习方式的独特性，尊重儿童的自然天性。

该怎么办呢？在第二次上选题课之前，我引导学生在同桌之间、小组之间讨论自己感兴趣的课题，并思考：该课题自己是否也喜欢，是否可以把自己提出的课题先放一下，与其他同学合作探究共同喜欢的课题。课堂上，我又适时地加以引导，我们终于成功地确立了一级研究课题：蔬菜与饮食。同时，确立了五个二级课题：蔬菜的生长，蔬菜的种类，蔬菜的营养价值，蔬菜的美容作用和蔬菜的烹调。由我和我班的副班主任黄建华老师共同参与并指导。

2. 制订方案，适当点拨

课题已经确立，小组已经分配，接下来就该考虑怎样来开展活动了。同学们议论纷纷，有的说，模仿二年级时学过的课文《丁丁的研究报告》，自管自研究，然后撰写自己的研究报告上交；有的说，上网查资料；有的说，开展小调查；等等。我首先积极地肯定了每一个孩子的发言，因为我觉得他们观点的表达都体现了他们智慧的火花，都体现了他们参与的热情。我提醒孩子们应该想办法有序而且高效地进行探究。我们制订了这样的方案：首先，成立五个探究小组合作探究，五个二级课题分别由这五个小组专项负责，每个小组的成员根据自身关注或喜爱的不同侧重点自由组合。其次，每个小组分别讨论适合自己小组活动的方式。探究蔬菜的种类、营养价值和美容作用的3个小组以上网查找资料、开展小调查为主；探究蔬菜的生长和烹调的2个小组以向身边的人请教、学习并动手实践为主。再次，填写项目相应的调查、采访、行动等记录表，把自己的所思、所想、所得全部留下痕迹，并归档于自己小组项目的个性化档案袋中，以便于资料整理。最后，开展互助联盟。小组内成员互助和小组间同盟互助相结合。

3. 实施方案，喜忧参半

如何使学生的活动成为真正有意义的探究过程，使学生通过体验生活、关注社会、团队合作来认识自我、完善自我、提升自我呢？我和黄老师都感到非常茫然。对学生所选课题的认识之浅更使我们心中没底。当时心中只有一个想法：自己全身心地投入，把自己作为孩子的同伴，共同去步入蔬菜的王国。

而学生浓厚的探究兴趣就如同一缕缕阳光，照亮了我们的探究征途。他们每天都有着令人惊喜的行动或发现："老师，今天我们播下了青菜的种子，有同学说要用脚踏一下才能长出来，可我不信，所以一人种一半田！"瞧，他们多有主见呀！"老师，今天我们去采访了对面的农贸市场，了解了许多蔬菜的种类和产地！""老师，昨天我在家里向妈妈请教，用香菇烧了两个菜！""老师，我上网查到胡萝卜被誉为'皮肤食品'，经常使用能使皮肤白嫩有光泽，我已经对妈妈说过了，别老是敷面膜，多吃点胡萝卜就行了！"

各个小组的活动都开展得不错：种类小组、营养小组通过到农贸市场采访卖菜的摊主，买菜的顾客，以及学校的老师，自己的家庭成员、邻居、同学等积累了大量第一手的资料；烹调小组的同学在收集资料之余，还尝试着自己洗菜、做菜，获得了家长的好评；生长小组的干劲最足了，他们在学校的空地里自己犁田，开垦了一块土地，播下了蔬菜的种子，定时浇水、观察并记录。同时，我们的美容小组也没有闲着，他们也通过上网、小调查等方式积累了一定的材料。

孩子们用画笔画下了自己关于蔬菜的创想；制作了一些相关的表格，记录了许多自己独特的体验及感受；还兴致盎然地把自己的探究所得做成了电子小报、手抄报等。

探究活动确实给孩子们带来了成功的喜悦，但也使他们品味了失败的痛苦、受挫的迷惘。

我们的孩子第一次在黄老师的带领下来到计算机房搜索资料时，只要看到蔬菜二字，就马上记录下来，也不管是否有用，记录了不知道多少内容，整理时却发现没有多大意义。后来，在黄老师的指导下，他们才懂得了怎样选择自己真正需要的资料。

记得孩子们第一次来到农贸市场采访时，他们的采访也没有成功。有的对他们置之不理，有的对他们的态度粗暴："小孩子，去去去！搞什么搞！"有的对他们的提问露出茫然的神色。看着他们一个个败兴而归的熊样儿，我提醒他们在自己身上找找原因。终于，他们通过讨论，得出了结论。有的说，是自己采访时不够礼貌；有的说，是自己提的问题太大，所以人家难以回答。比如有的学生当时就提了这样一个问题：你知道蔬菜有哪些美容作用？人家怎么会回答呢？商量好策略后，他们又一次来到了农贸市场，这一次，孩子们回来时满脸笑容，满载而归。

我们的生长小组播下的种子发芽后，却总是长不大。于是，他们经过向老农请教，想到了施肥，可蔬菜还长不大，他们又明白了还得优化菜苗，给菜苗成长的空间。后来，他们为了对各种蔬菜进行比较观察，又开垦了一块青菜园、蚕豆园和菠菜园。刚播下种子，一个孩子气喘吁吁地跑来了："老师，我们的蔬菜园堆满了树，这可怎么办呀？"原来学校要搞绿化了。经过协调，树终于搬走了，孩子们一颗颗悬着的心也终于放下了。由此，他们经过商议，在院子里分别树立了三块牌子：青菜园、蚕豆园和菠菜园，以提醒他人这块土地已被我们占领了。青菜和菠菜首先长出来，孩子们当时可为蚕豆着急了，当慢性子的蚕豆苗终于也顶出地面时，他们可高兴了！

4. 交流成果，体验微笑

孩子们的想象力是丰富的，他们所能被挖掘的潜力更是无可限量的。参与探究的孩子，在收集资料的同时，思维得以碰撞出璀璨的火花。他们用七彩的画笔描绘出关于蔬菜的斑斓创想；他们用稚嫩的小手雕刻出以蔬菜为原材料的艺术品；他们用清亮的童音讲述出蔬菜王国的动人故事，还创编出朗朗上口的快板和旋律优美的歌曲；他们制出像模像样的蔬菜饮食调查问卷；他们还向身边的亲人朋友推荐健康菜谱……

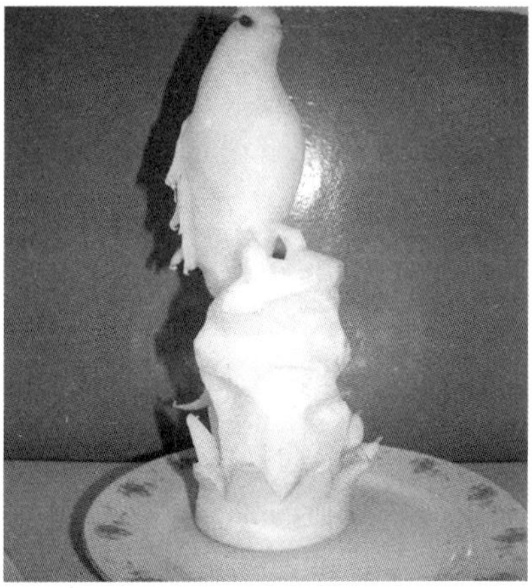

图3-1 学生以蔬菜为原材料雕刻出的作品1

图3-2 学生以蔬菜为原材料雕刻出的作品2

图 3-3 学生在制作水果拼盘

图 3-4 成果展示现场

我欣喜地发现，探究活动使孩子们变了：思维活跃、行动积极了，他们做事情能够相互合作、相互沟通了，他们比以前更热爱生活，也更替他人着想了！

从上述情境看，“项目学习”的实施是由特定的阶段组成的。“项目学习”的实施到底由哪几个阶段组成呢？研究幼儿园和小学“项目学习”的资深专家、加拿大阿尔伯塔大学教授查德把“项目学习”分成“课题计划与启动”“课题实施”“课题反思与结论”三个阶段。

阶段 1：课题计划与启动。“项目工作第一阶段的主要任务是，参与的儿童就选择的话题说出他们已知的信息、观点和经验，以建立课题探究的共同基础。在阶段 1，教师帮助儿童对选择的话题建立共享的观点，形成引导其探究的一系列问题。”对特定话题已经知道什么？尚存在哪些需要探究的问题？如何对这些问题展开研究？比如到哪里去访问，访问谁，该做些什么，该探究什么对象，如何表现探究的结果，如此等等。本阶段要做的主要事情是：创造问题情境；对话题形成观念图（梳理已有的观念、知识）；列举探究问题；制订详尽研究计划。

阶段 2：课题实施。根据预定计划展开课题探究过程，包括到具体情境中展开一系列研究，以及采用各种方式展现自己的研究所得。本阶段要做的主要事情是：准备现场工作（field work）；到现场与具体的物、人、情境接触而展开具体研究；对现场工作进行讨论、总结与提升；必要时再次进入现场对遗留问题或新产生的问题进行追踪研究；访问相关人员等。本阶段是课题研究的主体。

阶段 3：课题反思与结论。项目工作第三阶段的主要任务是完成个人和小组的工作，并总结已经学会的东西。在第三阶段，希望绝大多数儿童会对所选择的话题进行彻底的、深入的理解。在本阶段，教师既帮助儿童反思其探究过程，又帮助儿童用富有想象力的方式如艺术、故事、戏剧等将所获得的新知识个性化，同时要敏锐地运用儿童的思想和兴趣在已完成的课题和下一个即将要探究的课题之间实现有意义的过渡。本阶段要做的主要事情是:反思探究过程和结果;展示探究成果;使获得的知识个性化。

上述情境中呈现的案例的第1、2部分大致等同于查德所提出的阶段1,第3部分和第4部分分别是阶段2和3的具体化。

从查德提出的"项目学习"的实施阶段看,"在活动中共同成长"案例的项目和实施仍然有改进的空间。如:对于如何去现场做研究,在制订实施方案时,可以进一步具体化,比如到哪里去访问,访问谁,访问什么,怎么访问等,使研究计划尽可能具体化。去现场做研究是项目学习的关键所在,因此,在制订项目研究方案时,选择去现场做研究的项目就显得尤为重要。

从上述情境和问题解决过程看,我们也可以发现:

(1)"项目学习"在项目实施上远比学科知识的系统讲授以及学生根据教师的安排做练习要复杂得多。好的"项目学习"可以使学生积极参与到学习过程之中,将学习过程变成探究过程,在探究中生成新的探究,学习因而与人生统一起来,成为持续终身的个性发展过程。而坏的"项目学习"可能比坏的"接受学习"还遭,它可能会成为形成浮躁虚夸、浅尝辄止的坏的学习习惯的过程,可能会浪费时间而一无所获。由于"项目学习"尊重了学习的复杂性,它本身是复杂的,因此,"项目学习"的项目实施依赖于复杂的条件。

(2)尽管三个阶段在"项目"发展过程中首尾相接、层层递进,但各阶段的内容并非呈僵化的线性关系。制订计划的任务不仅表现在阶段1;在阶段2,随着课题的进展,预订计划很可能会不断调整;而阶段3又预示着下一个项目的研究计划。不仅在阶段2展开课题研究,阶段1的问题提出和计划制订、阶段3的反思本身就是研究。而课题反思不仅是阶段3的内容,而且始终渗透于阶段1和阶段2。

(3)解放而不放纵,有指导亦有自由,这是教师指导"项目学习"的基本原则。

第二节　服务学习的含义与实施

学习提要

1.服务学习是"社区服务"和"学术学习"的整合,把"学会服务"和"在服务中学习"两种行为整合起来,把"为了更好的学生"和"为了更好的公民"两种目的整合起来。

2.服务学习的实施要将公民素养作为公共教育的重要目的;将服务学习与学术课程有机整合起来;提供确定的时间进行高质量反思;学生要高度自主、充分发挥个人能动性,且与成人形成"同事关系";要创造有关服务学习的教师专业发展体系。

一、服务学习的内涵

服务学习是学生在教师指导下通过从事社区服务学习知识和技能、发展多方面能力、养成公民责任感和健全个性的活动的课程理念与学习方式。它是“社区服务”和“学术学习”(academic study)的整合,把“学会服务”(learn to serve)和“在服务中学习”(serve to learn)两种行为整合起来,把“为了更好的学生”和“为了更好的公民”两种目的整合起来。服务学习有多种方式:可以是学校服务学习,如辅导同伴、为年幼儿童的学习与生活提供帮助、清扫校园并进行垃圾分类、美化校园与教室等;亦可以是社区服务学习,如为福利院或养老院的孤寡老人提供帮助、为特殊学校的残疾儿童提供帮助、为医院或博物馆等公共场所提供帮助、各种保护环境的活动、各种维持交通安全的活动等。服务学习的基本特征包括四个方面:(1)明确而真实的学习目标;(2)适应真实的社区需要;(3)儿童做决定;(4)分析性反思。服务学习与社会其他领域的“社区服务”(如居委会的社区服务、社会志愿者的社区服务、对交通肇事者进行惩罚的“社区服务”等)存在重要区别。这主要表现在下列方面:首先,服务学习是学校课程的重要构成,有时间或学分要求;其次,服务学习强调服务者与被服务者的积极互动,以更好满足社区需要;再次,服务学习主张理论与实践相结合,将学生已经、正在或将要学习的学科知识用于解决真实的社区问题。巴西教育哲学家保罗·弗莱雷主张让学习建基于“批判意识”(critical consciousness)的“反思性实践”(praxis),由此将服务学习发展到新阶段——批判性服务学习阶段。

联系美国教育发展史,服务学习的发展大致经历三个阶段。第一阶段,始于19世纪末,终止于20世纪四五十年代。这一阶段可总体称为服务学习的进步主义与改造主义时代。本阶段的服务学习与项目学习或动手学习融为一体。此阶段的服务学习的目的指向民主社会所需要的服务精神和探究精神。从杜威到泰勒均属此阶段。第二阶段,始于20世纪60年代末,流行于70年代。这一阶段可总体称为服务学习的人本主义时代。针对教育中理性主义、学术中心主义的膨胀现象,本阶段的服务学习旨在培养理智与情感均衡发展的丰满人性,强调学校教育的社会适切性(social relevance),关注社会不利阶层。第三阶段,始于20世纪80年代,发展至今。这一阶段可总体称为服务学习的制度化时代。首先,从实践形态看,本阶段的服务学习既高度综合,又日趋多元。它囊括了自19世纪末以来可统称为经验学习范式的各种形态,特别是其中的项目学习。而不同地区、不同学校的服务学习实践又是五彩缤纷、日趋多元的。其次,从理论基础来看,本阶段服务学习不仅囊括了历史上的进步主义、改造主义、人本主义等思潮,而且积极吸收了80年代以来时代精神的发展,特别是解放教育学思潮、生态伦理学、全球化思潮等。再次,从政策层面看,本阶段的服务学习日益受到各级教育行政部门的关注,相应的政策、法规日益完善,其实施日益制度化。

当前,美国教育实践中服务学习的迅猛发展可以下列数据为证:1985年,只有9%的高中提供了正式服务学习,但到1999年,这个数字猛增到接近50%,同时,32%的公立学校都将服务学习作为课程的一部分,而且83%的学校都支持教师将服务学习整合进课程之中,绝大多数学校都把加强学生、学校和社区的联系作为实施服务学习的关键理由;在2000—2001学年,美国有超过1300万的学生投入了服务活动和服务学习活动;服务学习遍布美国的每一个州,许多州确立了服务学习目标,将之作为必修课程或高中毕业要求,同时作为重要的教育改革举措,并提供相应资金支持;在联邦层面,美国国会自1990年开始持续资助服务学习,这成为其迅速扩展的重要动力,服务学习理念还有两个重要法律做保障,即《1990国家和社区服务法案》(*The National and Community Service Act of 1990*)和《1993社区服务信托法案》(*The Community Service Trust Act of 1993*),通过这两个法案,联邦政府每年投入大量资金支持学校的服务学习。在当今美国,我们找不到任何一种教育改革举措像服务学习那样在实践中如此广泛地被采用,这本身就说明了服务学习的价值。

引人注目的是,当今美国,从总统到国务卿再到州长和参议员,从教育部长到学区督学,都对服务学习表现了极大热情和支持。这在一定程度上推进了服务学习的制度化。服务学习制度化的深层原因有两个方面:第一,教育中的新自由主义(一切以市场为准绳)和个人主义膨胀,学生的社会意识和服务意识下降;第二,学习动机和兴趣的下降导致日益加剧的学业失败现象。制度化尽管有助于服务学习的普及和深入人心,但亦存在潜在危险,就是将服务学习变成灌输主流意识形态的渠道。成人社会的功利追逐、文化和意识形态冲突将世界破坏了,不能指望孩子们把它修复好。因此,加强批判意识和反省精神,找回服务学习的个人意义和民主性格,是使这个持续百年的现代教育取向不断发展的必由之路。

我们从杜威的著作中可以自然引出服务学习的思想基础。

第一,"服务精神"是公共教育的重要目的。一方面,教育是社会进步和社会改革的基本方法;另一方面,教育必须基于社会的精神而组织起来,学校由此成为真实的、理想的社会。当教育与社会生活融合为一个有机的"连续体"的时候,不仅会带来"教育上的天国",而且会奏响社会的福音。杜威写道:使每个学校都成为一种雏形的社会生活,以反映大社会生活的各种类型的作业进行活动,并充满着艺术、历史和科学的精神。当学校能在这样一个小社会里引导和训练每个儿童成为社会的成员,用服务的精神熏陶他,并授予有效的自我指导的工具时,我们将拥有一个有价值的、可爱的、和谐的大社会的最深切的并且最好的保证。""服务的精神"是民主社会的基本精神,因为民主社会里人与人之间、群体与群体之间是自由互动的,每一个人和群体都同时在"服务着"和"被服务着"。当教育基于民主社会的基本精神而组织起来的时候,必然会把培养服务精神作为重要目的。

第二,“知识科目”与“实用科目”相互渗透、相得益彰。有着自己的学科逻辑体系的科目,如语文、数学、物理、化学、历史、地理等,是“知识科目”。而与社会生活直接相关的内容如纺织、烹饪、木工、金工等,属“实用科目”,杜威又将之称为“主动作业”或“实际作业”。在教育史上,这两类科目曾长期分离,“知识科目”在价值上被无限拔高,而“实用科目”又被过度贬损。这反映了专制制度和旧式分工的影响。杜威基于其独特的经验主义哲学观和民主主义的社会理想消解了二者的对立,认为“知识科目”的本质也是主动的操作或实验,而“实用科目”也是理性的、反思的。“‘知识’科目不但不和主动的作业对立,而且代表实际作业的理智化。我们要更坚定地掌握这个原理。”杜威的这个观点不仅为林林总总的服务学习内容合法地进入正式课程提供了知识论基础,而且为合理处理服务学习和学术学科的关系指出了方向。

第三,真正的学习是行动和反思的结合。经验是人对环境的主动行动和对行动结果的反思。学习本质上是对经验的重组,是探究、反思和问题解决。“人们如果想发现某种东西,就必须对事物做一点什么事;他们必须改变环境。”“除非作为做的产物,否则就没有所谓真正的知识和有效的理解。”杜威的观点不仅有力地说明了为什么服务活动是一种学习,而且指出了“服务学习”成立的条件:把服务和反思结合起来。

第四,儿童的学习要建基于儿童的生活。儿童的生活与成人的生活具有“等价性”。承认这一点是谈论儿童的学习和教育的前提,否则就会导致对儿童的压抑,即使是以“为了儿童的名义”。“儿童时代的生活在程度上不亚于成人的生活。”那么,儿童的学习与儿童的生活是什么关系呢?杜威说:“学习?肯定要学习,但生活是首要的,学习是通过这种生活并与之联系起来进行的。当我们这样以儿童的生活为中心并组织儿童的生活时,我们就看到他首先不是一个‘静听’着的人,而是完全相反。”“生活是首要的”“以儿童的生活为中心”意味着儿童的学习不仅要满足儿童的本能和需要并据此组织起来,而且要变成儿童的主动探究。服务学习是儿童的学习,不是成人的强加。服务学习要尊重儿童的问题、意愿和决定,这是指导服务学习的基本原则。杜威的上述观点是这一原则的根据。

二、服务学习的实施

仔细阅读案例,思考“服务学习”是如何实施的。

调查报告之“家乡的井”

1.研究的目的(背景)

我们学校紧邻百井坊巷,很多学生每天都经过这条路来上学。有一天学生抛出了这样的问题:之所以以“百井”为路名,此处肯定曾有许多井,然而现在的实际状况呢?这些井消失的原因是什么?我们应该怎样和大家一起保护井?于是就有了“家乡的井”这一服务学习课程。

社会在进步，时代在发展，我们的课题研究小组通过实地调查学校旁边这条路的井的情况，大致了解了这条道路上井的现存状况，发现问题，并对家乡的井的保护提出了一些想法和意见，希望家乡的井能保存得更好。

2. 研究的过程

我们首先去百井坊巷实地走访。这次走访与平日里的走过路过不同，我们是带着任务、有目的地去走访。我们发现了什么？乐善堂井，是迄今为止仅存的一口还有水源的井，学生们在井边学起了打水，兴致很高。

学生们在打水的时候，刚好走来一位也来打水的大妈。只见她熟练地放绳、打水、提水，一气呵成，然后就在井边洗起了衣服。同学们这才发现，井的四周由光滑的青石板铺成，想必是经年累月的水的冲击与洗刷导致的。有的同学现场采访："大妈，您经常来这里洗衣服吗？"通过交流，同学们知道原来这水是一直在用的，以前是饮用水，现在主要是洗涤用水。"水很好，很清，我很喜欢。"这是大妈简单的肯定。此外，学生还组成小队，制作访谈问题、方案，进行社区访谈、询问长辈等活动。

通过调查研究，同学们以小组为单位汇总了关于"家乡的井"的研究成果，并撰写了相应的研究报告。在研究报告中，同学们详细说明了"家乡的井的现状""消失的原因""保护措施"。以"向日葵寻井小队"的研究报告为例，在井的现状研究中，他们发现现存的井存在设施陈旧、管理主体不明、现存资料不全、保护开发不够的问题。他们进而分析问题的原因在于随着市民自来水的使用，井水的使用频率就大幅度下降，以致荒废。城市环境污染带来井水质量下降，也是重要的原因。于是，他们提出了很多针对性的建议以保护这些井，其中，他们给市长写信，希望得到有关部门重视。

3. 研究活动的心得体会

经历这样的过程，同学们会积极思考了。同时，在交流自己的所见、所闻、所思的过程中，每个人都提到对家乡的井有了更深的认识。在课程学习前，学生对井是完全陌生和忽视的。课程研究后，孩子们从井的历史价值、文化价值、不可移动的文物的价值去思考如何保护井、传承井文化。我们可喜地看到，学生对如何在时代变迁中结合现代科技保护井文化，有了自己的思考。调查进行中，学生们有了观察中思考，思考中探究，探究中创新的意识。

从上述情境看，服务学习的实施与学科教学不同。服务学习更关注学生个性发展本身及学生与社区的关系，更强调对学科逻辑的超越和社会应用，教师对学生活动的共同参与和指导。上述服务学习的案例只体现了服务学习实施中的若干方面。一般地，从形形色色的服务学习研究看，实施高质量的服务学习大致依赖于如下方面。

（1）将公民素养作为公共教育的重要目的。公共教育必然具有公共目的（public purpose）。"学校在把年轻人培养成为民主社会负责任的公民方面发挥关键作用，这些公民承认并珍视民主价值,并为改善民主而努力。”为此,必须基于主动的、负责任的公民的要求重塑公共教育目的,强调公民价值观和技能,超越只是为了学业成绩的提高和未来职场上成功的狭隘教育目的观。实践证明,服务学习是发展公民素养的最好途径。为此,全美服务学习委员会建议将“学习成绩”的内涵拓展为包括学生的社区贡献,各级教育行政部门和学校要运用多种措施如“表现评定”(performance assessments)和“档案袋”(portfolios)来评定学生的服务学习。

(2)将服务学习与学术课程有机整合起来。几乎所有的研究都发现,学生的服务学习经验与学术课程的联系越紧密,服务学习的成效就越大。服务学习与学术课程的整合不仅是实施服务学习的关键,而且是服务学习发展到新的历史阶段的重要标志。“高质量的服务学习帮助学生达到课程标准。它不是‘要做的另外一件事情’,而是‘我们做事情的另外一条途径’。”因此,学校要明确地将服务学习与期望学生掌握的学术领域联系起来;教师要帮助学生理解其服务学习经验的意义并将之与学术课程建立明确的联系;教师要经常评估服务学习经验所产生的学术效果,并运用评估结果改善服务学习。

怎样将服务学习与学术课程整合?一个重要途径是将服务学习与学科课程标准和相应教科书相联系。这包括三个方面:第一,将服务学习与一门学科的标准相联系。如美国威斯康星州数学课程标准这样规定:“将比例思维(proportional thinking)应用于各种问题情境,这些情境包括比例、比率和百分率,但不只这些。”七年级和八年级的学生运用这些技能分析附近的河流,然后参与河流清污项目。他们也把研究资料和发现呈交给社区合作者及其他相关部门。第二,将服务学习与多门学科的标准相联系。如美国波士顿的小学生在一个研究并尊重退伍军人的课题中达到了英语课程的标准“能够做有效的报告”和“有效理解和运用写作过程”,并实现了社会科的标准“参与历史分析与解释”。四年级学生利用互联网进行研究并访问了二战老兵,然后计划并实施了一个献给老兵的社区颂歌会。第三,在超越学科界限的综合课题(a culminating project)中展示并反思其学科学习。如美国华盛顿州的几所高中要求其毕业班学生根据特定标准实施一项课题,并记录和反思其工作。总之,对任何一项服务学习而言,从制订计划到实施,最后到展示、反思和评价,倘能自觉与相关学科知识融合起来,将达到学科学习和服务学习的“双赢”。

(3)提供确定的时间进行高质量反思。研究认为,反思活动是影响服务学习质量的最强有力的因素。高质量的服务学习活动应提供持续的(每周至少一次)、结构化的时间,以反思和分析服务学习经验的内容与过程。而且,高质量的反思要超越仅仅总结服务经验或捕捉情感,反思即探究,要全面探究服务学习的问题与结果,要从反思中产生高质量的行动。

(4)学生在服务学习活动中高度自主、充分发挥个人能动性,且与成人形成“同事关系”。研究认为,如果学生在从事服务学习活动的过程中高度自主,感到能够“自由发展和应用自己的思想”或能够“追求我自己的兴趣”,其个人能动性(personal agency)就会充分发挥，这是提高学生自尊心的最强有力的因素。同时，学生能够与教师或其他成人自由讨论经验，由此与成人形成“同事关系”，这是改善学生亲社会的态度和推理技能的最强有力的因素。

（5）创造有关服务学习的教师专业发展体系。服务学习对教师的专业发展有特殊的要求，如它要求教师由“演讲者风格的教学”（presenter-style teaching）转向“教练风格的教学”（coach-style teaching）。为此，需要有相应的教师专业发展体系做保障。全美服务学习委员会提出了三条建议：将服务学习纳入为教师和教育行政人员提供的职前教育体系和资格认证体系之中；从新手到熟练者，在所有水平上为教师提供有关服务学习的持续的在职专业发展内容；为教师创造多媒体专业发展资源，包括更多的网络资源。

上述五个方面是实施服务学习的关键而不是全部。此外，为服务学习提供更多政策和经费支持，学校、家庭和社区协同形成服务学习的系统资源，亦非常重要。至关重要的是，服务学习有很强的地方性和个人性，需要创造性地实施。

服务学习是旨在寻找学习的意义的课程取向，而不是为了向学生传递意识形态和社会规范。个人生活于社区之中，“社区精神”也必然内在于人心之中。因此，为社区做点什么、使社区更美好，是学生个性发展的内在要求。成为一个好公民与成为一个好学生，二者不可分割。具有服务精神和公民素养，既是个性发展的要求，亦是民主社会的要求。

本章小结

本章从国际视野观照我国的综合实践活动课程，与我国综合实践活动课程相对应的课程包括两类：一类是项目学习，另一类是服务学习。对项目学习、服务学习含义与实施的研究，有助于开拓对综合实践活动课程的国际视野，加深对信息时代综合实践活动课程的理解与实践。

【思考与练习】

1. 请思考如何设计项目学习，请设计一个项目学习的研究课题。
2. 请思考如何设计服务学习，请设计一个服务学习的研究课题。

【推荐阅读】

Katz L. G. & Sylvia C. Chard（2000）. Engaging Children's Minds：The Project Approach（2nd ed.）. Stamford，Connecticut：Ablex Publishing Corporation.

第四章
综合实践活动课程的目标体系

学生能从个体生活、社会生活及与大自然的接触中获得丰富的实践经验，形成并逐步提升对自然、社会和自我之内在联系的整体认识，具有价值体认、责任担当、问题解决、创意物化等方面的意识和能力。

——**《中小学综合实践活动课程指导纲要》**

新世纪基础教育课程改革以来，综合实践活动课程因其理念和实践形态的先进性，引领着课程改革，成为新课改的主要亮点。然而，管窥现实，在学校实践中存在着对其目标定位认识不清，课程目标体系缺乏衔接，难以达成共识等问题，因而其价值并未得到真正实现与彰显。当前，核心素养被置于我国深化课程改革，落实立德树人目标的基础地位，成为下一步深化教育改革的“关键”因素和未来基础教育改革的灵魂。以个人发展与终身学习为主体的素养模型，旨在以人的发展为导向，实现课程教学的整合与融合。综合实践活动课程提倡实践、探究、合作、反思等多样化的学习方式，注重知识与经验的整合，尤其对培养学生跨学科素养、创新精神、实践能力、责任感等核心素养发挥着举足轻重的作用。有必要澄清以下三个关键问题：综合实践活动课程目标如何定位？目标体系如何建构与衔接？目标如何达成与落实？

第一节　综合实践活动课程的目标定位与出发点

学习提要

1. 综合实践活动课程是探究、体验生活的课程，它所提出的探究生活是为了融入生活、热爱生活、使生活更美好。

2.综合实践活动课程的出发点在于回归教育本源，追寻知识学习与生活意义的契合点；强化“公民”身份，提升社会责任意识；尊重学生个性与志趣，释放学生潜力与情怀；让“动手”与“动脑”结合，强化学生创新实践力。

一、综合实践活动课程的目标

在一次综合实践活动课程课题组的研讨中，一位老师抱怨说，自己教了这么多年的书，从来都是充满信心地走进课堂的，可是现在面对综合实践活动课程有点胆怯，心中没有底气，不知道会遇到什么不可预知的状况。另外一位老师也表达了这样的困惑，说综合实践活动没有教材和教参，教师无从把握，学生学不到系统的知识，对提高考试成绩也没有什么帮助，还占用很多时间。还有一位老师说，学生在这门课中的表现很难评定，而且评定结果与最终的升学考试也没有什么关系，所以现在上这门课似乎意义不大。一时间，弥漫着对综合实践活动课程培养目标和存在价值的怀疑。

上述案例中老师们对综合实践活动课程培养目标和存在价值的质疑，深切地反映出我国部分教师为考试而教学的现状。任何思想或理念，如果无益于考试分数的提高，无益于对教学效果的增加，似乎都没有意义。那么，造成的结果是学生除了学到与己无关的一堆杂乱无章的知识碎片外，个人的情绪和感受、好奇心、人际状态都不在教师可能也不在学生自己的关注范围内，都是可有可无的东西。

针对教育目标过于偏向知识的传授与掌握，本次课程改革提出三维目标，即知识与技能、过程与方法、情感态度价值观，三者不可偏废。综合实践活动课程的提出，体现出课程设计者的价值追求，比起学科课程来说，它更不把知识与技能作为主要的追求和目标。但是教育的问题是复杂的，往往关涉不同价值观的冲突，以及不同群体利益的权衡。我们既要关注和思考现实的文化处境和生存环境，也要努力廓清对这门课的独特价值和特征的认识，并对其未来的命运抱有信念和期待。

综合实践活动课程的性质决定了在确定课程内容时必须真正回归学生的生活世界。着眼于学生创新意识、创新精神和创新能力的培养，是综合实践课程价值与目标最本质的体现。与学科课程相比，综合实践活动为学生创新品质的形成提供了更为宽松、自由的空间。它不受学科知识体系和逻辑结构的限制，在活动过程中，学生始终处于主体地位，自己发现问题，自己设计方案，自己收集资料，自己解决问题。在这一过程中，学生的想象力和创造力可以充分发挥出来。

综合实践活动的总目标是：通过实践学习、探究学习、体验学习等开放性学习方式，在生活和实践中获得积极体验和丰富经验，提高对自然、社会和自我之内在联系的整体认识，发展科学精神、创新意识与实践能力，形成强烈的社会责任感与良好的个性品质。

综合实践活动的具体目标包括：亲近并探究自然，增进对自然的认识，逐步形成关爱自然、保护环境的意识和能力；积极参与社会和服务社会，增进对社会的认识与体验，发展社会实践能力和社会责任感；掌握基本的生活技能，发展认识自我的能力，养成积极而负责任的生活态度；学习问题解决的基本方法，发展主动获得知识和信息的能力，养成主动探究的态度和习惯。

例如，某个学校综合实践活动课中，有个学生提出研究特殊学校学生的问题，并把主题定为“超越障碍的沟通”，因为这个学生觉得，我们对特殊学校的学生抱有很深的恐惧和偏见，我们和他们彼此无沟通无交往。因此，他想通过这项研究来加深对残障学生的了解，并且跨越障碍与他们进行交流和联谊。在这项研究中，研究的内容可以是很深入很广泛的，例如研究者可以去了解特殊学校儿童的生活和学习，体验他们的感受，以及了解针对不同学生的治疗和服务方式，并且可以更进一步反思特殊学校存在的合理性，思考把他们纳入正常学校来随班就读的必要性和可能性，并且对在正规学校为随班就读的特别学生建立各种治疗设施进行成本核算，并且在经济成本和纳入残障学生到正规班级来的伦理诉求之间做取舍等。类似这样一个主题，在任何一个学科中都难以综合地开展，但是它对学生的价值教育和社会教育功能是很大的，这正是立足于每一个个体的整体人格发展和整体生活而建立的综合实践活动课程存在的独特价值与核心目标所在。

综合实践活动课程是探究、体验生活的课程，它所提出的探究生活是为了融入生活、热爱生活、使生活更美好。首先要反思生活、直面生活中的问题。生活尽管是美好的，但也不能简单地接受下来和现成地投入进去。要看到生活中的问题，运用智慧和想象去解决问题，创造更加美好的生活。其次，要形成关系认知和关系伦理，与生活中的人、事、物建立共生、互荣、和谐的关系。“我的生活”与“别人的生活”相互依存、荣辱与共。这是一种新型的乐观主义生活观，其核心是反思的生活态度、探究能力，以及关系认知、关系伦理。

二、综合实践活动课程的出发点

《中小学综合实践活动课程指导纲要》明确提出：综合实践活动课程目标以培养学生综合素质为导向，强调学生综合运用各学科知识，认识、分析和解决现实问题，提升综合素质，着力发展核心素养，特别是社会责任感、创新精神和实践能力。为何提出这样的课程目标，其定位与出发点是什么？

（一）回归教育本源，追寻知识学习与生活意义的契合点

综合实践活动课程的目的是让教育回归学生的生活世界，回到“人”本身。回归生活世界，打破学科知识与实现生活的割裂，打破学校与社会之间的樊篱，为学科知识的综合运用寻求意义生成的源泉。让学生在知识学习与生活意义追寻中找到最佳契合点，促进

学生从个体生活、社会生活及与大自然的接触中获得丰富的实践经验，在真实的问题情境中，能够综合运用知识解决问题，体验并掌握认识问题、分析问题与解决问题的过程与方法。

（二）强化“公民”身份，提升社会责任意识

“公民”是一个社会概念，卢梭认为“教育应该把民族的印记烙在人的心坎上，要指导人的见解和爱好，俾使成为爱国者。”在知识信息时代，面对人类生存环境的恶化，国际社会之间的矛盾与冲突，教育应培养和造就敢于面对困难和问题，勇于承担社会责任，并促进未来社会全面发展的实践创新型人才。所以，综合实践活动课程的目标定位是促进学生正确认识人与自然、社会、自我之间的各种关系，增强价值体认，树立爱国情怀，将对社会的整体认识、国家的责任和个人的职业理想与发展结合起来。

（三）尊重学生个性与志趣，释放学生潜力与情怀

在传统的学校教育中，因对知识的过度偏倚与重视，而压制了学生的兴趣和个性自由。综合实践活动课程倡导开放的教育活动，把学生的兴趣、需要和爱好置于核心地位，让学生走进现实生活，走进社会，围绕个人感兴趣的领域展开广泛的实践探索。综合实践活动课程为学生探究和创造提供广阔的空间与场域，使学生的特长得到发挥、个性得到张扬、潜力得以释放，在主动的探究实践与服务行动中释放情怀，发展志趣。

（四）让“动手”与“动脑”结合，强化学生创新实践力

创新实践力是学生核心素养的关键要素，提升学生的创新实践力是学生核心素养发展的价值诉求。“动手”与“动脑”结合才有创造，促进学生开动脑筋，将创意和想法，通过动手操作与动手实践来实现，以解决现实生活世界中的问题。《纲要》明确提出“创意物化”目标维度，旨在强化学生创新实践力的锻造与培养，促进学生个体通过认知世界、利用工具在特定情境中操作实践，并物化为制品或作品，追求将实践价值、实践动机、实践思维、实践技术、实践方法与实践成果有机联系，融为一体的创新实践力的提升。

三、综合实践活动课程目标体系的建构

综合实践活动课程目标是一个分层次多级别的目标体系，从三个学段、四个方面明确目标具体要求，突出培养学生综合素质，落实立德树人要求，同时，给学校综合实践活动提供明确导向，为综合素质评价提供直接依据。综合实践活动课程总目标与学段目标指明了通过综合实践活动课程实施要达到的总体要求以及每个学段的具体要求，为学校课程规划与实施提供导引与方向。综合实践活动课程总目标指向学生核心素养发展，依据不同学段学生的身心发展特点，以价值体认、责任担当、问题解决、创意物化四个维度，

建构立体化、进阶式与螺旋上升的整体目标体系。如下图4-1所示。

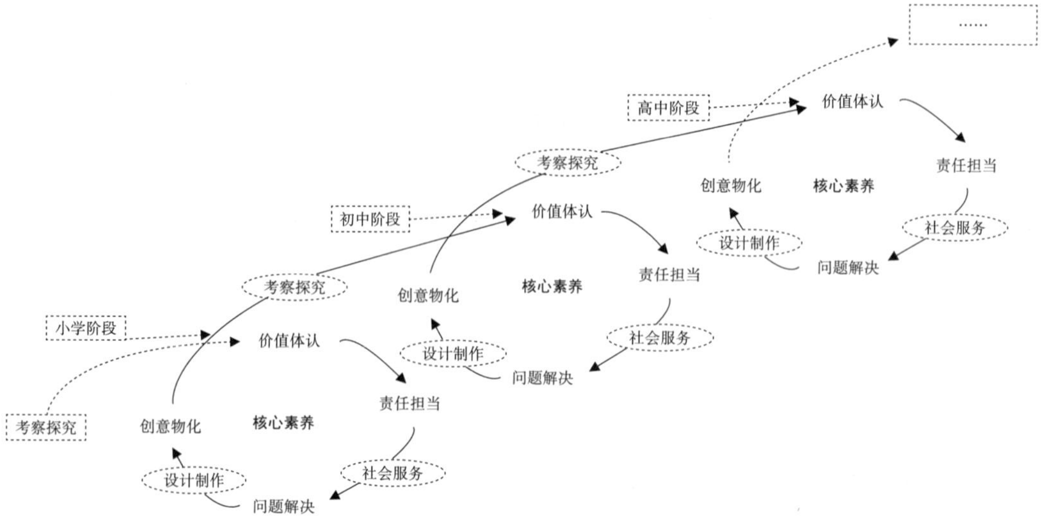

图4-1　综合实践活动课程的螺旋式目标体系

综合实践活动课程学段目标，以学生核心素养发展为主线，整体遵循纵向贯通、横向统合、循序渐进、螺旋上升的原则。从小学、初中到高中，既体现了学生核心素养发展的进阶性与层次性，如：责任担当维度目标的建构，从小学阶段关注个人自理能力的养成，到初中阶段初步形成对自我、学校、社区负责任的态度和社会公德意识，在高中阶段关心他人、社区和社会发展，形成主动服务他人、服务社会的情怀，体现了学生责任意识与责任感的渐进发展与提高；问题解决维度目标的建构，从问题来源与主题生成、问题解决的过程与方法、问题研究结果呈现体现了不同学段学生问题解决能力递进式发展。同时，也体现了学生核心素养发展的横向统合性，核心素养的四个维度具有整体性，彼此相互作用、密切联系、相互融合与促进，反对机械割裂的做法。正如杜威所指出：从做中学并不意味着单纯地丰富体验而已，而是通过实验的、科学的方法求得问题解决，旨在习得实验性智慧，通过问题解决获得意义。由此，四个维度的目标通过内在的统合与联系，共同指向学生核心素养的整体发展。

第二节　综合实践活动课程目标的达成

学习提要

综合实践活动课程目标的达成需要认识综合实践活动对学生核心素养发展的价值，达成共识，形成合力；需要基于学生核心素养发展的实际需求，进行课程整体性目标规划；需要促进学生核心素养发展的持续性，拓展综合实践活动的实施空间与学习场域；需要加强评价研究，把评价过程变成促进学生核心素养发展的过程。

综合实践活动课程着力发展学生核心素养，既指向学生发展需要，也体现了当代社会生活、社会发展方面的要求，帮助学生适应快速变化的社会生活、职业世界和个人自主发展需要，以迎接信息时代和知识社会的挑战。如何使目标从应然状态转化为实然状态，如何达成与实现目标，成为学校课程规划与开发实践面临的关键性问题。

一、认识综合实践活动对学生核心素养发展的价值，达成共识，形成合力

在当前深化教育改革，关注学生核心素养发展的背景下，要充分认识综合实践活动课程的亲历探究、实践体验、行动反思在学生核心素养发展中的重要作用。埃蒂纳·温格指出，参与社会性实践是人类进行学习并获得认同的基础，他提出了实践者共同体这一社会性学习理论，将学习阐释为一种社会性参与的过程。在温格的社会性学习理论中，学习是学习者作为共同体成员（learning as belong）参与实践（learning as doing）、获得体验与意义（learning as experience），以及建立身份与认同（learning as becoming）。应充分认识综合实践活动中个体参与对促进学习与发展的价值，特别是综合实践活动中学生的亲身参与、服务他人，让学生获得体验、认同与意义，促进建立自我认同与归属感，会激发进一步学习与发展的愿望与动力，在共同体中获得成长的力量与价值感。综合实践活动课程从学生的真实生活和发展需要出发，通过考察探究、社会服务、设计制作、职业体验等多样化活动，对增强学生的价值体认，综合运用知识解决现实问题，增强主动服务他人与社会的意识与责任感等具有重要的意义与价值。各级教育行政部门及学校、教师需要提高认识，达成共识，凝心聚力，确保综合实践活动课程应有的课程地位，提供有力支持，携手加大综合实践活动的实施力度。

二、基于学生核心素养发展的实际需求，进行课程整体性目标规划

基于核心素养的课程发展直面的第一个挑战是：把握学校课程的整体结构。“学习的实践是‘建构世界’（认知性、文化性实践）、‘探索自我’（伦理性、存在性实践）和‘结交伙伴’（社会性、政治性实践）相互媒介的三位一体的实践。”学校应从学生核心素养发展角度为学生创造建构、探索与社会性交往的机会，把握学校课程的整体结构，加强课程整体规划，为加强学习者同客体世界、他者、自身这三个基轴的对话提供综合性课程。一方面，学校要根据学生的兴趣与特长、学校特色、社区特点对综合实践活动课程进行统筹规

划，构建课程整合规划与实施方案，以对学生的活动进行整体设计与研究；另一方面，倡导课程整合，通过课程整合将各类课程联结起来，让学生在挑战性任务与问题探究中，主动运用已有的学科知识，使学科知识在综合实践活动中得到延伸、综合、重组与提升，从而拓展综合实践活动课程的广度与深度。综合实践活动课程要落实学生核心素养的发展需求，基于学生核心素养发展的实际需求进行课程整体规划，将综合实践活动课程与学科教学有机融合，将综合实践活动课程的开发与学校的办学目标、学生发展、学校特色发展统一起来，在课程目标规划方面强调学生发展需求，体现不同学段之间的连续性，凸显学生核心素养发展的连续性与阶段性特征，进行长期、系统性的课程规划，让学生获得整体性、发展性、综合性的学习经验。

三、促进学生核心素养发展的持续性，拓展综合实践活动的实施空间与学习场域

核心素养是学习过程与结果的统一，本身蕴涵着对学习方式的要求。综合实践活动课程要注重知识与经验的整合，倡导多样化学习方式，强调学生动手、动脑、动口相结合，围绕主题进行探究、表达，促进学生将行动、体验、反思等融为一体。根据探究问题与活动主题积极创造条件，让学生走进现场开展探究与服务实践行动，要根据学生探究活动主题的特点和需要灵活安排、高效使用综合实践活动课程时间。学校要给予学生广阔的探究环境，保证学生活动的连续性、长期性。处理好课内与课外的关系，合理安排时间并拓展学生的活动空间与学习场域。同时，通过学校场域的拓展，整合校内外的资源，创建合作建构的学习情境，建立良好的人际环境，构建有利于培育学习共同体的环境。学生核心素养的发展是不断超越自我的过程，在开放的时空场域中，通过树立共同愿景，提供实践学习方法和丰富的学习资源，践行活动性、协同性、反思性融为一体的学习过程。学生的学习表现出一定的关系性和共同性，学习者在学习过程中会构筑人与人的关系，从而实现个性和社会性的统一，最终促进学生个体通过实践活动的文化体验而形成学习力与社会力。

四、加强评价研究，把评价过程变成促进学生核心素养发展的过程

目标达成既需要评价以测量，也需要评价以促进。综合实践活动课程评价具有独特性，整合课程、教学与评价，把评价过程变成促进学生核心素养发展的过程。将学生在综合实践活动中的各种精彩观念、情感态度、活动方式和活动作品（如研究报告、作品等）有机结合起来，作为评价学生核心素养发展状况的依据。把评价作为师生共同学习的机会，不仅考察了学生的素养表现，还可以此为依据进一步促进学生的素养发展。理解综

合实践活动课程评价的独特性，加强对评价关键问题的研究，以破解评价难题。深刻理解综合实践活动课程的评价理念，研究评价的方式方法，将评价与激励相结合。评价的意义对于学生而言，在于引导学生持续进行探究、体验、反思与行动，能够对学生的学习过程与学习结果的评价达成平衡，能够有效聚焦学生探究过程中的表现与收获，以增进学生进一步探究的信心；对于教师而言，在于促进教师持续地投入，富有创造性地探究与指导行动。学校应建立完善的课程评价管理制度，通过有效的评价激发教师的参与动力，并提供有效的保障。

本章小结

本章着力对综合实践活动课程的目标进行考察与研究。综合实践活动课程总目标指向学生核心素养发展，依据不同学段学生的身心发展特点，以价值体认、责任担当、问题解决、创意物化四个维面，建构立体化、进阶式与螺旋上升的整体目标体系。综合实践活动课程目标的达成既需要认识综合实践活动对学生核心素养发展的价值，也需要基于学生实际需求进行课程整体性目标规划；既需要持续拓展综合实践活动的实施空间与学习场域，也需要加强评价研究，把评价过程变成促进学生核心素养发展的过程。

【思考与练习】

1. 你认为综合实践活动课程的目标主要是什么？在实践中是如何来实现这些目标的？

2. 综合实践活动课程规定的目标均要在一个活动中实现吗？请谈谈你的看法。

【推荐阅读】

中华人民共和国教育部. 中小学综合实践活动课程指导纲要[EB/OL]. [2017-9-25]. http://www.gov.cn/xinwen/2017-10/30/content_5235316.htm.

第五章
综合实践活动课程的活动方式

综合实践活动是从学生的真实生活和发展需要出发，从生活情境中发现问题，转化为活动主题，通过探究、服务、制作、体验等方式，培养学生综合素质的跨学科实践性课程。

——《中小学综合实践活动课程指导纲要》

《中小学综合实践活动课程指导纲要》规定了四种主要的活动方式及其关键要素，包括考察探究、社会服务、设计制作、职业体验。其蕴含的核心思想是活动方式即课程。每一种活动方式各有其特定内涵、特点和不同侧重点，但在实施过程中是彼此融合的。

第一节　活动方式即课程

学习提要

在我国基础教育课程体系中，专门把活动方式、学习方式视为课程的学习领域，即综合实践活动课程。

现代教育与传统教育的重要区别之一是：不仅把学生学习、活动的内容视为课程，学生的学习方式、活动方式本身即课程。学习内容可能有地域的局限性，也可能随着时间推移而过时，但学生在学习过程中所形成的“学会学习”的策略则具有更大的普遍性、可迁移性。综合实践活动课程的具体活动内容因人、因地、因时而变化，但它所倡导的探究、服务、设计、体验等学习方式和活动方式则具有稳定性。在我国基础教育课程体系中，专门把活动方式、学习方式视为课程的学习领域，即综合实践活动课程。

传统教育往往只把学习内容视为课程，这为各种死记硬背、机械训练、题海战术、说教灌输等陈旧落后的学习方式留下了存活的空间。有毒的树上结不出鲜美的果实。如果学习方式是保守和错误的,再好的学习内容都不可能促进学生个性与创造性的发展。我国教育,无论基础教育还是高等教育,依然存在保守学习方式。究其根源,农耕文明时期社会变化缓慢,以自然经济为主体,知识较少且更新速度慢,“书读百遍,其义自现”“熟读唐诗三百首,不会作诗也会吟”等“诵读式”学习方式普遍流行;工业文明时期市场经济与产业经济融为一体,工厂加工成为占主导地位的生产方式,“教育即生产”“学校即工厂”“学生即原料”“效率即科学”等观念开始流行,整齐划一、机械训练、系统讲授、班级授课制等教学方式变成主体。我国两汉兴起的经学、隋唐时期正式建立的科举制度,为保守的学习方式提供了制度与文化基础。我国课程体系中设置综合实践活动课程的重要目的之一是加快学习方式、教学方式的转变,实现教育现代化、教育启蒙与教育民主。

自20世纪上半叶世界教育民主化运动以来,学生的学习方式、活动方式开始成为重要课程内容。美国教育哲学家、教育改革家杜威不仅让一切学科知识与社会生活、职业世界联系起来,而且系统确立起“做中学”“用中学”的划时代的学习方式,由此让一切知识技能的熟练变成探究、创造、做事的副产品。杜威的学生克伯屈提出的“项目教学法”使学生的学习成为“做项目”的过程,即充满激情、饱含理智的创造过程。克伯屈还富有原创性地提出了“附学习”概念,即学生在学习一项内容的时候,还会伴随着形成对此内容的态度、情感、方法等,学生在做“项目学习”的时候能够形成丰富、积极且影响深远的“附学习”。杜威也说过,如果人们认为一个学生学习某项内容的时候只学会内容本身,这是教育学上最大的错误了。他因此提出了和克伯屈类似的“附带学习”(collateral learning)理念。杜威与克伯屈共同的弟子陶行知提出的“教学做合一”的思想,也鲜明地指向学生学习方式的转变。到20世纪下半叶,美国当代课程论专家派纳认为课程内容应从“跑道”转向学习者“奔跑的过程”,这同样指向学生学习方式和过程的转变。与杜威、克伯屈、陶行知相比,派纳更强调活动过程中学生个体的独特体验。

总之,学习方式即课程、活动方式即课程,是百年来不断发展的现代教育观念。我国综合实践活动课程采纳了这一观念,并提出了主要活动方式及关键要素。

第二节 考察探究

学习提要

1. 考察探究的基本特征包括生活性、自主性、研究性与课程性。

2. 考察探究活动可分为三个阶段：阶段一是课题的确立与启动阶段；阶段二是课题的实施阶段；阶段三是课题的总结和展示阶段。

考察探究作为我国综合实践活动课程最基本的活动方式，以其独特的内涵、价值与方法特点，成为落实“立德树人”的根本教育任务和推进以发展学生核心素养为目标的基础教育改革的关键途径。在第一版的综合实践活动课程指导纲要中，该部分是以“研究性学习”的面貌出现，而在新版的指导纲要中，则以更贴近学生学习实践的考察探究来表述，其内涵、价值和实施方式则有明显的扩展与提升。

一、考察探究的内涵

在新版综合实践活动课程指导纲要中，考察探究是一个相对独立的新概念。总的来说，考察探究就是学生在教师指导下选择和确定研究课题，以野外考察、社会调查、研学旅行等多种方式，综合运用各学科领域的知识进行问题解决和意义获取的学习活动。从字面意义上来看，“考察探究”包含了“考察”和“探究”这两个相互联系的部分，因而相比传统的研究性学习，其内涵有了明显拓展。一方面考察探究更加突出了学生到校园外的场馆、社区、地域乃至野外考察自然、经济、文化、社会状况的重要地位，如考察社区安全状况、调查当地名人（能人）、了解地方农业机械使用情况、参观文化娱乐设施等。同时也将中小学已有的“研学旅行”项目纳入其中，鼓励学校开展有组织、有目的、有计划、学生亲身体验的校外集体活动。另一方面，考察探究也强调将包括考察、旅行、调查、参观等在内的一切活动都与探究结合起来，也就是以研究性学习的方式加以实施，这便规范了前述活动并使之与过去缺乏教育性的运作区别开来。如在研学旅行方面，新纲要强调学生要收集目的地的资料，从中寻找自己感兴趣的问题作为研究课题，而后带着课题参加旅行，通过实地考察和调查，同时完成课题研究和旅行活动。

二、考察探究的基本特征

具体而言，考察探究具有四个方面的基本特征：

（一）生活性

考察探究活动的主题来源于学生的日常交往活动以及在校外机构的参观和考察、研学旅行等，是学生对其生活世界所进行的系统反思和研究，其实施的过程也是在生活的真实情境中进行，最终的目的也是为了更好地服务于当前的生活，并为未来生活做好铺垫和准备。

（二）自主性

考察探究活动是学生自己做研究的过程，这个过程既体现出学生个体的独特性，也体现出学生同伴文化的共同特征。考察探究的主题必须建立在尊重学生自身兴趣和需要的基础上，而且是由学生自主选择和确定的，教师只是起到辅助、指导和促进的作用，决不能代替学生确定主题，或直接为学生指定教师自己感兴趣的主题。研究计划的制订、研究方法的实施、研究结果的分析以及成果展示等一系列的活动，都是由学生自主进行与完成的，尽管这些活动的成功离不开教师的有效指导。学生通过考察探究所要获得的也是自己对生活的理解与创造，教师决不能把自己的观念强加给学生。

（三）研究性

主题是学生发现日常生活、研学旅行、校外考察和社会调查中所存在的问题，并对这些问题进行理性思考而确立的。对主题的研究必须预先了解研究对象和目的地的情况，制订基本的研究计划，包括安排好分工、准备相关工具并提出可能解决问题的办法。在活动过程中小组成员须综合运用所学知识及技能，围绕各子问题展开现场考察和深入探究，搜集解决问题所需的资料和数据，并对其进行归类和分析，勇于批判、质疑和创造，最后则以适当的方式展示自己的研究成果。因此可以说，考察探究活动的整个过程都需要学生多元智力的投入与整个身心的参与，也唯有如此，学生的理智才能获得真正的生长与发展。

（四）课程性

考察探究不仅仅是一种学习或活动方式，更是一种课程形态。若要使考察探究发挥教育的真正价值，则必须指导学生设计一定的学习目标，不仅包括学科知识的综合运用，探究能力的习得与发展，也包括特定情感态度价值观的形成与深化，并按照这些预设或生成的目标开展系列研究活动。此外，考察探究不仅体现在过程性的现场活动之中，也包括课堂内的讨论、反思、资料分析和最后的评价、展示工作，因此涉及一系列循序渐进的课内外活动及程序，学生只有经历了所有过程，才算是完成了一次考察探究类型的综合实践活动课程。

三、考察探究的价值

考察探究作为综合实践活动课程中最传统、最基本的活动方式，对学生综合素质的发展具有重要价值，集中体现在三个方面。

（一）呵护和发展学生的好奇心及探究精神

《中国学生发展核心素养》的“人文底蕴”和“科学精神”要求学生具有从事人文和科

学探究的基本精神及态度，而考察探究活动则鼓励学生遵循并发展自己的好奇心，根据自己对生活世界所存在的疑问，构建研究的主题；同时指导学生运用所学知识及观察、访谈、实验、文献查阅等方法进行深入研究，并开展一系列的探究活动，如野外考察、参观公共设施、社会调查、研学旅行等，从而促进学生探究意识和探究能力的维持及发展。

（二）提升学生的批判思维和创新思维能力

《中国学生发展核心素养》中的“科学精神”明确强调学生应具备理性思维、批判质疑的能力，在“学会学习”中也指出学生应发展勤于反思的意识，而“实践创新”则更明确地突出了学生所应具备的创新意识和能力，这些核心素养其实都归结在学生思维的层面，其中最重要的部分无疑是批判思维和创新思维能力。而在考察探究活动过程中，学生需要对自然、社会和个体三大维度的生活世界进行批判性的思考，才能提出有意义且具有可操作性的问题；在解决问题的过程中，学生也需要对所搜集的资料进行批判性的分析，才能不断改进自己的研究方案，从而提出创造性的想法和解决方案；在考察探究的最后环节，学生则会以创造性的方式展示自己的研究成果，这些具体的活动内容均使学生的批判思维和创新思维能力得到了实际锻炼与发展。

（三）发展学生的团体合作与交流能力

《中国学生发展核心素养》中特别强调学生的“责任担当”，它明确要求学生应具备团队意识和互助精神，并能尊重世界多元文化的多样性和差异性，积极参与跨文化交流。考察探究则通常要求学生以小组的形式开展探究活动，因此小组成员之间必须形成关爱、尊重、理解等情感关系，发展组建小组、小组活动和交流思想这三种最基本的社交能力，才能真正有效地解决研究问题。同时考察探究活动的场所及主题也不仅仅局限在本校本地和本国文化内，也会与不同国家的学生进行交流，考察异域文化场馆并对多元文化进行研究，从而可有力促进学生的国际交往与理解能力。

四、考察探究的实施

整个考察探究活动可分为三个阶段，包含六个基本环节或关键要素。

（一）阶段一是课题的确立与启动阶段

此阶段的主要任务是学生从自己的生活世界中发现问题，形成相应的课题，并制订出不同详细程度的研究计划，来指引后续的整个研究活动。具体包含两个关键要素，其一是发现并提出问题。学生带着怀疑与好奇的眼光，从自然、社会和个体生活中主动发现问题，并结合自身的兴趣以及教师的指导、同伴的协助，提炼并确定合适的课题。这个要素一般遵循先构思学生个人的研究问题，后集体交流各自选题，最终实现研究问题的精致化，并确立小组合作团队等步骤。要注意的是，课题质量会对后续的研究活动产生根本性的影响。高质量的课题通常具有九条基本特征：对学生有吸引力、源自现实的生活世界、学生前期已有一定的相关经验、便于学生展开探究获得一手经验、对书本及成人不过度依赖、会衍生出许多相关问题、可从家长那里获得专业支持、能生成新的研究课题、有助于学生到校外寻找资料来源等。其二是提出假设、选择方法和研制工具。研究小组形成之后，就会制订初步的研究计划，在这个计划中，提出研究假设以及选择研究方法是最重要的部分。学生不能只满足于提出问题，应事先预想在实施过程中会出现什么难题，以及解决方案是什么，由此形成自己的一个或多个假设。学生也须在教师指导下了解常见的研究方法，并根据课题实施的需要来选择部分适用的研究方法。最后，为使学生在研究过程中及时、准确地搜集所需资料，必须在这个阶段设计好相应的现场观察表、访谈提纲、实验方案或社会调查表等。

（二）阶段二是课题的实施阶段

此阶段的主要任务是进入现场，通过多方搜集资料来解决学生前期所提出的问题，分析所得资料并提出自己的观点，进而检验上述研究假设。具体包含两个关键要素，其一是获取证据。学生须带着研究问题和假设走进现实的情境或场所，进行一系列的研究活动。这种现场主要是教室外甚至是学校外的现场，旨在使学生将学校与社会、教育与生活联结起来。可以说没有现场工作，就没有真正意义上的研究性学习。在现场，学生所开展的研究活动包括观察、访谈、实验、调查、考察等，并通过这些方法搜集所需资料，以更好地理解、解决开始阶段预设的问题以及研究过程中生成的新问题。其二是提出解释或观念。学生完成资料搜集后须对其进行适当的编码、归档或整理，并进行不同深度的反思与分析。分析时可利用不同的形式与工具，如文字描述、图标呈现、照片诠释、思维导图绘制等，以使研究资料的呈现更加丰富和清晰。在此基础上，学生对研究资料进行解释，提出自己的观点，进而对之前提出的假设进行验证，如果假设成立，则将假设视为研究的结论，如果假设不成立，则做出相应的调整或改变，并继续搜集相关的证据来进行佐证。

（三）阶段三是课题的总结和展示阶段

本阶段的主要任务是将最终的研究发现汇总起来，得出结论，并以多种方式予以呈现，而后进行系统反思、欣赏、展示和评价，以为未来的考察探究奠定更坚实的基础。具体包括两大关键要素，其一是交流、评价探究成果。学生通过海报、板报、制作品、表演、绘画、视音频、地图等多种方式呈现研究的主要结论和心得体会，并进行交流与讨论。学生可以将最终的研究成果以及研究过程中所积累的素材全部纳入小组档案袋之中，以供教师、家长、同伴做出多主体性的评价。评价时可根据事先设计好的评价表格，进行文字描述或打分，表格中所涉及的评价维度则一般包括知识与技能、过程与方法、情感价值观和学习态度三大方面。其二是反思和改进，对考察探究整个活动进行评价的最终目的不是为了班级或学校的荣誉，而是为了学生个体的发展。因此无论每个小组呈现的研究成果为何，以及思考到何种深度，都应鼓励学生反思整个研究过程，诸如课题本身质量如何、计划完备与否、工具准备是否妥当齐全、小组合作是否顺利、研究方法的选择和运用是否适宜、方法实施过程中遭遇了哪些挑战、分析与解释资料是否全面、结论提出是否合理等。在反思这些问题的基础上，学生意识到自己研究的价值及局限所在，进而可提出改进研究的策略与方法，为未来的研究奠定基础。

第三节　社会服务

学习提要

1. 社会服务是指学生在教师的指导下，走出教室，参与社会活动，以自己劳动满足社会组织或他人的需要，它强调学生在满足被服务者需要的过程中，获得自身发展，促进相关知识技能的学习，提升实践能力，成为履职尽责、敢于担当的人。

2. 社会服务的基本实施框架包括明确服务对象和需要、制订服务活动计划、开展服务活动、反思服务经历、分享服务活动经验。

作为综合实践活动课程内在倡导的一种主要活动方式和经验教育形式，社会服务以其独特的课程价值和方法特点，成为落实“立德树人”的教育根本任务和推进以发展学生核心素养为核心目标的基础教育改革的重要抓手。社会服务传统上主要是一个社会学的概念，在综合实践活动课程的框架内，侧重作为一个教育学的概念，它在内涵、价值诉求和实施形式上必然体现教育性质的一些内在特点，这些特点需要得到系统的厘清和确认。

一、社会服务的内涵

在新的综合实践活动课程设计中，社会服务是一个相对独立的教育概念。社会服务是指学生在教师的指导下，走出教室，参与社会活动，以自己的劳动满足社会组织或他人的需要，如公益活动、志愿服务、勤工俭学等，它强调学生在满足被服务者需要的过程中获得自身发展，促进相关知识技能的学习，提升实践能力，成为履职尽责、敢于担当的人。

从字面上看来，社会服务与过去作为综合实践活动课程板块之一的“社区服务与社会实践”相比有较大的改变。首先，“社区服务与社会实践”实际上是两个概念的杂糅，在定义上往往不得不把“社区服务”与“社会实践”一分为二，而社会服务是一个独立的、整体性的概念。其次，在常识理解而不是学术定义中，“社区”容易被褊狭地理解为一个地域概念，而“社会”一词更突出了某种相互关系，即“社会”是和“个人”相对的，人们习惯上用“人与社会”而不是“人与社区”来表达它们之间的关系，用“社会服务”侧重表达这种关系及这种关系的道德属性。

从定义上来讲，社会服务被赋予了更为丰富和完整的内涵，即强调社会服务活动本身的服务意义和学习价值的有机统一。一方面，作为一个教育学概念，它注重活动本身对学生的道德学习价值和知识学习价值，另一方面，它并非只把服务贬低为一种手段，而是同样强调服务活动对他人和社会的贡献和意义，即服务本身也是目的，实际上，正是在认真对待这种贡献和意义的过程中，社会服务对学习的价值才更能得到扩展和深化。

按照上述的定义和解释，例如单独地让学生考察一条被污染的河流是不够的，学生们只是从中获得一些表面的体验和认识。社会服务要求活动本身体现出某种“服务”性质，因此需要学生做出相应的服务行动，譬如河流被污染的原因之一是垃圾污染，则可以让学生清理河岸的垃圾。不过，这种服务活动的意义还是有限的，服务的层次总体来说还是表面的，学生们也只是从中浅层次地收获了一些道德体验，尤其是，服务过程和结果几乎都与学生的知识技能的学习没有交集，或者说对学生的知识和技能学习几乎不产生什么影响。因此，根据学生的年龄特点和学习阶段，可以在更高标准和层次上设计社会服务活动，以更好地提升服务水平和推进学生的道德认知、理智成长和技能学习。例如针对河流污染状况，可以让学生结合科学课的学习，从河流中获取水样本，接着分析样本和证实结论，并向相关的污染控制部门提供研究结果或者通过各种媒体向大众发布和宣传自己的研究结果。

二、社会服务的教育价值

社会服务作为一种经验教育的形式，其教育价值主要体现在它对道德教育和理智教育两方面的意义。

（一）社会服务是培养学生的公民责任意识和担当能力的有力途径

“立德树人”教育观的提出，植根于中国传统教育文化精神和当代的社会主义核心价值观，是对我国教育的基本目的的再诠释。它的提出，意味着在教育目的观和价值观上再次确认和确立了德育的优先性，意味着强调教育除了教授学生知识和技能这一维度之外，更要有一种伦理的维度，这一维度的核心是注重从促进道德成长的意义上帮助学生拥有优质的人性和高质量的生命。强调教育的这一维度在《中国学生发展核心素养》中有鲜明的体现，尤其借由“责任担当”这一核心素养得到了集中的表达。要而言之，“责任担当"实际上表达的是人(公民)与社会(从他人到国际社会)之间应该有的道德关系的性质和类型。

"责任担当"核心素养的培养在综合实践活动课程的架构中,更直接地是借由社会服务这一部分体现和落实的。社会服务以培养学生对社会的责任意识和担当能力为核心,以促进学生的道德践履为基本特征,是一种无法由其他教育形式代替的公民教育和道德教育途径。

(二)社会服务有利于促进道德成长和知识学习的有机统一

社会服务要求学生把关心他人的需要和关心自我的成长有机结合起来,作为这种有机结合的结果,学生在道德成长和理智学习上相互促进,甚至在某种意义上改变着学习的性质。

如果学生只是坐在科学教室里通过显微镜观察水样本,那只是一种单纯的学科研究活动,它以学习知识为其唯一目的,并且它所研究的对象即水样本只是一种自然物,其不负载现实的生活信息。如果学生以改善社区中某条被污染的河流为目的,从河流中抽取水样本进行研究,并把研究的结果报告给相关的污染防治部门或向大众宣传,则这种研究就体现了知识学习与道德学习的统一、学科探究和生活探究的统一、对世界的关心和对学习的关心的统一。这时,所研究的水样本负载和折射了周围环境中的人类生产生活的诸多信息,对这种水样本的研究体现出学生对生活环境的一种关心态度和意识,另外,学习不再只是以关注知识的真理性为指向,同时以服务为目的关注知识的实践意义,要而言之,学生是以负责任的公民的身份在学习、思考和行动。

三、社会服务的基本实施框架

社会服务的实施过程会因服务的类型和内容等的不同而有形式的具体差异,但是一般来说,所有经过精心设计的社会服务过程都包含几个关键要素,这些要素实际上也构成了服务学习的基本实施环节。

(一)明确服务对象和需要

开展一项社会服务活动是从确定服务对象及其需要开始的。服务对象的选择可从几个范畴内来考虑:一是它可以是人,也可以是机构或组织;二是除了人之外,还包括动物、植物、环境等;三是从地域上来看,服务对象可以来自学校、社区、国家和国际社会。

确定服务对象就是确定服务对象的需要。开展高质量的服务是社会服务的基本标准之一,而要保证服务活动的高质量,在技术层面上首先要深入研究服务对象的真实需要,不认真研究服务对象需要的社会服务活动,往往是无效和无意义的,甚至可能给服务对象造成干扰或损害。

可直接接触的社区(学校、学校周边社区、家庭所在社区)构成了学生可感的日常生活实践空间,因此,从有利于直接开展服务活动的角度来说,社会服务活动的服务对象主要来自这样的社区。相应地,对于开展社会服务活动来说,一条重要的途径是调查所在社区和周边社区的需要。调查的方式包括个人的观察和体验、关注媒体报道、问卷调查和访谈以及咨询社区机构等。通过调查得出需要,例如校园的某一处需要绿化,低年级的某些学生需要学习辅导,社区里某所孤儿院的孩子需要陪伴和关心,社区里某个孤独的老人在生活上极其需要他人帮助照料,等等。

(二)制订服务活动计划

制订服务活动计划是非常重要的,它在很大程度上决定着服务过程的质量。制订计划要经历一个前期调查研究和协商讨论的过程,虽然在这个过程中要尊重学生的主体性,即推动学生以主体身份参与服务计划的构想和设计,但是这个过程离不开教师的参与、指导。

制订服务活动计划要通盘考虑社会服务活动的各要素。可根据服务学习的内容和形式制订不同样式的服务活动计划,但一般来说服务活动会包括服务对象及其需要、活动目标、活动内容、需要运用的资源和前期准备、活动时间和地点安排、反思方式、展示和交流方式等。

(三)开展服务活动

开展服务活动是社会服务过程最有生机和活力的一个环节,主要因为这个环节真实体现着个人与社会之间的鲜活交互关系。

不过,在进入服务现场之前必须做好扎实的准备工作。除了物质资源等方面的准备外,更重要的是要做好行动前的培训工作。主要的培训内容包括三个方面:相关的知识、技能方面的教育培训;使用工具等方面的专门培训;安全等活动过程注意事项的培训。

在行动阶段,要求学生必须做的一项工作是做好行动记录。做行动记录的意义有二:直接的意义是记载和留住一段过程,进而和他人一起分享行动过程里所发生的故事;更重要的是,做记录的过程是一个推动学生进行思维整理和反思的过程。在记录的过程中,学生留心着某些事情,并在这种留心中发现某些信息、整理自己的体验、发现过程中的问题和提出进一步的行动设想,进而,通过这种思维整理,可以保证行动的连续性和合理性。

(四)反思服务经历

反思是社会服务非常重要的构成性特征。反思本质上是一种发现联系的探索,对于社会服务来说,反思至少包括两种意义:一是反思促进自我意识。反思嵌入人们的意识,推动着人们思考自己的前见、知识、经验和情感,从而获得新的情感、认识的转变、成长。二是反思改进和完善服务学习过程。服务活动的过程会有许多看不见的思维盲区、行动缺点和迷思，因此需要回过头来进行反思性监视，反思发挥着向前看的功能，反思带来的学习成果会被吸纳到服务活动的过程之中，从而成为进一步影响和改进服务活动的过程和特征的建构性要素，并且维系着服务学习过程的持续性。

反思渗透于服务活动的全过程，但是反思也是社会服务过程的一个专门步骤和阶段，这个阶段发生在服务行动结束之后，它有助于学生更全面完整地审视整个服务过程和学习体验。就反思形式来说，可以运用多种形式，例如撰写小论文和组织讨论等。

（五）分享服务活动经验

分享服务活动经验是社会服务活动过程的一个必要阶段。分享本质上即展示、庆祝和邀请。学生都有一种表达和表现的需要，创造一种舞台让学生公开展示自己的成就，这体现了对学生的社会服务活动成果的一种认可和尊重，这种认可和尊重会进一步激励和鼓舞学生参与进一步的社会服务活动。对于参与这种分享的他人来说，自然也能通过这种分享获得某种间接经验和启发。

分享的形式多种多样。例如学校可以编制一份报纸或者在校园里开辟展示专栏，展示服务学习参与者的人名和照片以及服务学习的成果。不过，更应该充分尊重学生对某种分享形式的偏好，例如鼓励学生通过文章、图片、艺术作品、视频、幻灯片和表演等进行展示和分享。

以上是社会服务的五个要素和环节，除此之外，根据具体的社会服务活动需要可以设置评价环节。评价可以单独作为一个环节加以设计，也可以融合到反思部分，但需要注意的是，要尽量少采用量化评价的方式，多运用质性评价手段，并在评价主体上，多鼓励学生进行自我评价。

第四节　设计制作

学习提要

1. 设计制作是以尊敬学生的制作本能为思想基础，以参与实践为特征的创造性学习活动。

2. 设计制作的关键要素一般包括：创意设计，选择活动材料或工具，动手制作，交流展示物品或作品，反思与改进。

设计制作是《中小学综合实践活动课程指导纲要》中所规定的四大主要活动方式之一。它是对当前科学与技术迅猛发展所做出的教育回应，也是综合实践活动课程体现教育与生产劳动、社会实践相结合教育方针，落实立德树人根本任务的重要途径，具有特定的内涵、价值和实施框架。

一、设计制作的内涵

适当的设计制作活动是一个发现问题，界定问题，通过创造性使用各种材料、工具和技术解决问题的学习与创造过程。

“设计”从狭义上说，是指为了提升后续创新行为品质，而在开发某事物或者解决某问题之前所进行的系统精细的规划、观念生成的过程。从广义上考虑，设计本身就是一种建构，而不是为建构所做的准备，包括视觉的、空间的、造型的以及问题解决方案构思等方面的建构。综合实践活动课程中的设计正是通过为现实世界中的问题建构创造性解决方案而进行学习的过程，具有“基于项目的学习”（project-based learning，PBL）和“基于设计的学习”（design-based learning，DBL）的特征，体现的是具有百年历史的“设计理念”和“设计教学法”的价值诉求。

“制作”是儿童本能之一，通常是指对原材料进行手工拆解、装配或加工，形成人工制品并理解其工作原理。相对于基于教科书的文化知识传授倾向来说，基于制作的学习具有典型的“操作学习”（Hands-on Learning，HOL，又译动手学习）特征，更加倾向于杜威所提出的“做中学”实用主义教育观，强调在真实世界中开展实践性操作、体验性学习。技术孕育的是一种更加强调动手能力的、基于活动的教育。综合实践活动课程通过为学生提供手工制作、数字制作实践机会与环境，促使其成为人工制品的制造者，而不仅仅是消费者。

可见，设计制作是以尊敬学生的制作本能为思想基础，以参与实践为特征的创造性学习活动。

二、设计制作的教育价值

设计制作在本质上需要的是深度参与实践性设计、协作学习，以及计算思维、工程思维、创造思维及反省思维等，从而具有独特的教育价值。

（一）有利于深度学习的实现

“学会学习”是时代发展对当代学习者提出的要求，也是对我国学生发展核心素养的要求之一。要发展这一素养，需要从学习中“获得”隐喻，再转身“参与”隐喻。学习设计存在这样的理论：学生无法理解他要学习的东西，只有通过开始做他尚且不理解的东西，在做的过程中才能教育自己。从这一意义来说，参与实践促成学习和理解。

设计制作鼓励学习者能够结合自身兴趣爱好与现实需要，对具有“理智悬念”的问题做出观察与思考，提出多种问题解决方案，并创造性运用各种活动材料和工具，将理论、概念等应用于实践，产生实践结果——创意物化，从而获得更加丰富、具体的经验（concrete experience）。此时，学习涉及对自身所处的真实世界和工具本身的理解，学术性学习与真实世界的联系得以加强，学习本身的内涵也超越了浅层意义上的“获得”，走向更为深度的学习。

（二）有利于实践创新能力的培育

实践创新能力、开发高质量产品的能力或生产力是21世纪对学生核心素养发展的要求。对于如何实现这一素养的发展，心理学研究提供了三种思路：其一是在教学中注重与创造力相关的思维方式和行为倾向；其二是在课程设置和教学上为学生创造空间，鼓励他们根据自己的特长和兴趣对现实、知识和意义进行独特的建构；其三是通过参与特定领域（艺术、科学、商业、技术等）共同体的创造实践活动培养与之相关的习惯、知识，从而形成专长，并跃升到创造新的理念、方法和产品的新水平。从设计制作的立意来说，以上思路均有所体现，而第三种思路尤为突出。虽然传统的行为研究理论倾向于把身体行为视作一种“刺激—反应”的单向机械关系，但在突破了“身心二元论”的今天，人们逐渐意识到身体作为创造力的核心基础意义。譬如，德勒兹曾向我们揭示：人的创造力不只是来自大脑，源自人类精神的凝思或理性的逻辑，而更重要的是发生在身体感觉层次上的具体的活生生的体验与行动；身体本身就是一种生产性的力量。

设计制作正是借由信息技术类、劳动技术类活动，发掘学习者身体的生产性力量，培育其实践创新能力。一方面，学生通过经历丰富多彩的劳动活动，在了解劳动世界、理解劳动意义、获得积极劳动体验的基础上，形成较强的劳动意识，尤其是尊重他人劳动、愿意参与劳动等积极的劳动观念和态度。另一方面，通过安全而有责任心地参与通用技术、信息技术实践，学生对技术与人类文明有更深入、全面的理解，对技术发展与用技术解决问题有较大的兴趣和较强的能力，同时，在创意设计和创意物化中充分发展工程思维、计算思维、材料认知能力，以及相关的审美意识、安全意识、经济意识、质量意识、环保意识以及关心社会发展的责任意识等，从而形成自信而批判性使用技术的技术素养。此外，设计制作作为一个问题解决的过程，学生通过经历如何辨别问题、评估需要，如何思考各种选择及其约束条件，如何制订计划，如何以建模及迭代的方式解决问题等过程，而发展将未知情境转化为已知情境以及在复杂环境中行动等重要问题解决能力。

三、设计制作的实施框架

虽然不同类型的设计制作过程不尽相同，但总体来说，设计制作的关键要素一般包括：创意设计，选择活动材料和/或工具，动手制作，交流展示物品或作品，反思与改进。

(一)创意设计

设计作为一种“热情的目的性行为”,本身是关于多元解决方案的提出与选择。因此,几乎所有的设计活动都有关键要求:创造性和想象力,全面性和苛求性。这一阶段主要包括:首先是定义问题,即明晰“问题”的本质属性,全面考虑设计的约束条件(如可用材料的限制),厘清与该问题相关的学科知识(如科学概念)。然后进行猜想,通过集体讨论并运用大量的独创性设计理念和解决方案,表达出(如用思维导图画出)设计理念,并将不同的解决方案呈现出来。接着,从中选出一个设计理念、一套解决方案。

为了体现设计的教育价值,还需注意设计的一般特征,如:设计过程是一个学习过程,设计需要互动,设计需要理性和直觉性思维,经由设计得来的新事物具有实用效能等。

(二)选择活动材料和/或工具

选择合适的材料和/或工具是使创意设计的梦想变成现实的重要条件。设计制作的材料可以包括:纸、木、皮、布、纱线、泥沙、金属等。工具可以包括:锯、钳、锥、钻、锉、针、仪器、饮具、笔等传统工具,以及编程工具、数据库、可视化工具、概念图、超媒体等思维工具,激光切割机、3D打印机、摄影摄像机、机器人等数字化、智能化工具。

在这个过程中,需要注意的是要为学习者对材料的判断、自身能力的判断提供机会。对材料的判断是指能够根据解决问题的需要、现实条件及材料本身的属性特征选择恰当的材料。为了发展这样的“材料认知技能”,需要为学习者提供一个独立判断与选择的机会,哪怕是做出不恰当的甚至是错误的选择,也可以是反思性学习的契机。对自身能力的判断是指学习者可以观察并判断自身能力的限制。在实践过程中,学习者若夸大自己能做的事情,也需要通过体验其后果才能进行学习,因而教师仍需为此提供机会。

(三)动手制作

创意物化意味着学生需要进行现场工作,进行系列程序的“动手”操作——将创意物化为人工制品。动手制作的程序可能包括:折叠、裁剪、切割、测量、烧铸、制模、作图、激光雕刻等手工制作,以及建模、编程、3D打印等数字制作。例如,在小学阶段,学生可以开展简单的手工设计与制作。借助信息技术,设计并制作有一定创意的数字作品。在初中阶段,设计、制作较为复杂的制品或用品,或以各种思维工具进行建模等。

当然,制作活动并不仅限于“手”,通常还包括心灵、眼、耳、口、足等方面的技能和动作的相互适应和协调。在这个环节中,需要特别注意工具使用的安全性与规范性。

(四)交流展示物品或作品

交流展示物品或作品是设计制作过程中不容忽视的一个环节。学习者通过交流设计制作的实践过程(包括期间所经历的快乐乃至痛苦),展示实践成果,解释其工作原理,澄明并提升其思维过程等,以期与同伴在思维、情感上“相遇”。

在此过程中,需要注意:一是鼓励以多元方式进行交流、展示,促进多元化自我表达能力的发展。例如,可以以戏剧表演、绘画、数字故事等方式进行表现;以展板、橱窗、电子显示屏等多种手段展示物品或作品。二是鼓励相互欣赏、相互关心,不断践行积极的倾听与对话,避免消极的批评与指责。这既有利于审美意识、交流能力的发展,也有利于团队意识和互助精神的形成,为学生社会责任感的发展奠定重要基础。

(五)反思与改进

反思与改进过程是学生发展反省思维必不可少的环节,且这里的反思具有双重意义:第一个意义在于学生通过对实践过程中的行动及其结果做出思考,可以使行动及其结果更趋完善;第二个意义在于让学生的"在行动中反思"变得更加娴熟,从而成为反思性实践者。其中,前者主要是指学生通过评估和评价自己的工作,以及问题解决方案的适切性,并思考是否有更好的方式来解决问题、实现目标,并对新设计再一次进行测试的过程即为改进。

此外,为使设计制作活动具有真正的教育价值,还应满足几方面条件:一是以特定活动目的和行为激发、支持学生持久的兴趣;二是避免只有琐碎的活动、暂时的娱乐性,而是要让活动本身具有内在的价值;三是在设计制作开展过程中要适当地提出问题,以唤起学习者新的好奇心与求知欲望,以将其思维引向一个新的境界;四是要有充足的活动时间,以确保设计制作活动过程中的连续性,而不是零散、无关联行动的拼凑。学习者通过经历这一多阶段、多步骤、多维度的设计制作过程,既加深了对设计、制作内涵及其特征的理解,又发展了社会理解力和责任感。

第五节 职业体验

学习提要

1. 综合实践活动课程中的职业体验是以体验式学习过程为基础,并与职业生活息息相关的一种活动方式。

2. 职业体验的有效实施需要特别关注以下几个方面:首先,基于体验式学习过程凸显其关键要素;选择或设计不同的体验情境以创设不同的体验活动;重视有助于达成有效职业体验的支持条件。

职业体验是《中小学综合实践活动课程指导纲要》所规定的四种主要活动方式之一，在本质上它体现的是职业与教育的关系，也是学校教育回应社会发展对于人才培养规格和培养模式发生变化的一种体现。

一、职业体验之内涵

综合实践活动课程中的职业体验是以体验式学习过程为基础，并与职业生活息息相关的一种活动方式。

体验式学习可以说是人类最初的学习方法，也是最基本的学习方法。在人们认识并改造自然的过程中，在亲历的行动中，实际上都在使用"体验"这种方式进行学习。美国学者大卫·库伯对体验式学习进行了总结归纳，并以"体验式学习循环圈"理论描述了体验式学习的完整过程，即"具体体验—反思性观察—抽象概念化—主动尝试"不断循环往复、螺旋上升的过程。库伯的理论凸显出体验式学习过程的关键特征是"体验+思考"：它以学习者经验为起点，但不是单纯停留于认知层面，而是兼及学习者的情感、态度、价值观层面，使之完整地去感知周围世界而获得体验；同时学习者将思考带入体验之中，经反思而形成体验的意义——既有对外部环境的再认识，也包括对自我各方面的再认识。

同时，库伯的理论彰显了"情境"对于体验式学习过程的重要性。"体验"与"思考"将学习界定为对实践活动的参与，学习不再是被动地接受大量有关世界的事实性知识，而是学习者与世界的交互活动，因而学习者是主动的行动者，在实践中经历着改变理解的动态过程。这是在社会性背景中恢复了学习的本源意义，因此"情境"在这里对于"体验"和"思考"来讲就是前提性的条件。

职业体验将体验式学习与职业生活情境联系起来，就是让学生置身于丰富的、与各种职业活动相关的情境之中，让其全身心地参与到各种职业性的实践活动中去，使其获得相应的真切认知与情感体悟，从而加深对自我世界、生活世界、职业世界和社会发展的理解，并将这样的理解与其自身的未来相联系。从这个意义上说，它关涉学生的生涯发展，而《纲要》将职业体验作为综合实践活动课程的一种主要活动方式单列出来，是学校生涯规划教育日益受到重视的必然结果。因此，职业体验也是综合实践活动与生涯教育的交集所在。

二、职业体验之价值

从出生到成人，人的生活离不开与各种职业的联系。综合实践活动课程中的职业体验是一种有目的、有组织、有计划地与各种职业生活进行关联的活动，对学生个体的发展以及学校教育的发展都有着重要的意义。

(一)从学生个体的发展看职业体验之价值

1.可望实现深度学习

对于职业生活的实际状况,学生在知识学习和日常生活中也能获得一些相应的感受和理解,但是这些往往是被动感知的,或是在无意识状态下获得的,在广泛性、深刻性和目的性上具有局限。职业体验这一活动方式,通过有意识的安排,通过学生从知识、技能到情感、态度、价值观层面的充分参与,让他们可以多角度对更多不同的职业生活进行了解、分析和评价,让他们可以联系自己的兴趣爱好、能力特长、性格体力情况以及未来职业发展的趋势,去探索、反省自己的职业志向,去检视自身与职业志向相关的准备状态,去思考实现职业志向可能的路径与策略等。在这个过程中,学习者首先实实在在地感受到了自我的存在价值,感觉到了自我理智的力量、情感的满足、意志的独立与自由;其次还实实在在地感觉到自我与自然、与社会之间内在的(非工具的)、有机的(非机械的)联系,得到发展的是解决复杂问题的高阶能力。

2.侧重发展特定素养

基于"立德树人"这一根本任务,发展学生核心素养是当前学校教育的使命。职业体验主要对发展学生的"实践创新"和"健康生活"两方面素养有所贡献。其中,前者通过劳动素养体现出来。研究表明,对个人而言,最有代表性的职业生活经验都是自身通过实际劳动体验后产生的。因此,职业体验机会也是学生参加实际劳动的机会,从中可以培养他们的劳动意识,帮助他们形成正确的劳动观念、热爱劳动的态度和良好的劳动习惯,懂得珍惜劳动成果,磨炼意志,激发创造力。后者则通过生涯管理素养体现出来。生涯管理素养是与个体发展自我意识、探索生涯发展机会、进行生涯决策并实施生涯发展行动相关的关键能力和必备品格。它旨在使学生树立一定的职业意识,能够做出一定的职业生涯规划决策,同时它强调在各种选择与决策中个体的责任,以及个体在面对自身的发展、转变以及不可预测的挑战时谋求解决策略的灵活性与安全性,从而更好地管理当下的学习和生活,成为有明确人生方向和有生活品质的人。

(二)从学校教育的发展看职业体验之价值

1.有助于走向普职融合

逐渐消除普通教育与职业教育的分离与对立而走向融合,是世界基础教育发展的趋势之一,例如2010年OECD组织发布了报告《为工作而学习:OECD关于职业教育与培训的述评政策报告》,充分肯定了在工作现场获得真实体验对于学习者发展的重要性;2011年哈佛教育研究生院发布报告《繁荣之路:21世纪对美国青年的挑战》,明确提出高中教育要重视基于工作现场中的体验而实现学生对多种发展前景的选择。综合实践活动课程中职业体验的活动方式可以说即为实现普职融合的一种具体途径。通过职业体验,学生从小学阶段起就可以在以普通教育课程为主的学习中接触到"职业"的要素,认识到职业是其完整生活不可或缺的一个组成部分,并逐步建立起对职业的概念,了解不同职业生活的大致面貌,获得与职业生活相关的通用知识技能或专门知识技能,或是将职业生活与自己其他方面的生活联系起来而思考自身未来的发展方向。较之于撇除职业要素的课程学习,这样的学校教育能够让学生更完整地去认识世界。

2.有助于形成连接学习

连接学习是一种学校开发与实施课程的新机制,其中一个要素就是使学生的学习结合现场的工作实践。与传统的课程与教学相比,它旨在拓展课程的内容和教学的场所,不将学生限制于传统课堂的知识学习之内,要求学生参与实践活动以更深刻地在现实的职业情境中理解和应用所学知识。因而,学生通过职业体验获得的是与工作现场相关联的学习收获。当然需要明确的是,实施连接学习的主要目的不是为了就业,而是为了积累经验和培养能力,正如杜威所说的那样:“一切早期的职业准备都是间接的,而不是直接的。”综合实践活动课程中的职业体验在内部逻辑上是与连接学习相一致的,它不仅拓展了学校组织学习活动的方式和范围,而且使学生在学校学习的学术性知识有机会成为解决与职业生活相关问题的理论工具,从而让学术性学习与职业性学习连接起来,也让理论知识与实践知识连接起来、学校世界与职业世界连接起来、学业生活与职业生活连接起来。

三、职业体验之实施

为实现职业体验的有效实施,在其实施过程中需要特别关注以下几个方面。

(一)基于体验式学习过程凸显其关键要素

《纲要》指出,职业体验的关键要素包括:选择或设计职业情境;实际岗位演练;总结、反思和交流经历过程;概括提炼经验,行动应用。这四大关键要素实际上体现了体验式学习过程的四个基本步骤,也是我们在实施过程中需要遵循的几个关键环节。任何的职业体验都发生在特定的情境之中,因此实施过程的首要环节是选择或设计职业情境,这是为了确定学生进行职业体验的具体情境,是开展职业体验的前提;实际岗位演练即学生在具体情境中的体验,总结、反思和交流经历过程是对一定情境中的具体体验进行反思分析的现实过程。这两个环节实际上包含并反映了体验式学习过程“体验+思考”的关键特征;概括提炼经验,行动应用则作为反思分析的结果,既是前一个体验式学习循环的终点,也是下一个循环的起点,反映了体验式学习过程螺旋上升的特性。

(二)选择或设计不同的体验情境以创设不同的体验活动

体验的情境可以分为两大类:一类是根据职业情境的真实程度来划分,一类是根据主体是否直接置身于职业情境来划分。根据情境的真实性程度不同,可以分为真实情境和模拟情境。对于真实情境主要在于选择,对于模拟情境更多的在于设计。因为真实情境即生活中各种真实的职业场所，在真实情境中的职业体验通常通过参观、见习、实习、师徒制等形式进行。模拟情境即所设定的环境是抽去了真实环境本身所具有的复杂性之后所做的一种再现，也就是说模拟情境其实是一种简化了的环境，但一般具有真实情境中最基本、最具代表性的要素，这种情境的呈现需要经过设计，可以反复给出，可以远离工作现场。虽然在模拟情境中获取职业体验相对于在真实情境中会欠缺一些体验的丰富性和全面性，但是由于真实情境对社会资源的依赖程度较高，模拟情境的营造可能会更可行与便捷一些，因此可以给学生在学校里创造更多的体验机会。根据主体是否直接置身于职业情境，可以将体验分为直接体验和间接体验。上述真实情境和模拟情境中的体验都属于直接体验，除此以外我们还可以利用诸如访谈、讲座、经验交流等形式使学生获得相关的间接体验。

（三）重视有助于达成有效职业体验的支持条件

1. 因地因校制宜开发多元的职业体验资源

一方面可以与适当的社会资源，如社区、企业、高校、公益组织等建立基地性联系，确定能使学生获得多样化工作现场经验的真实情境；另一方面可根据学校既有的空间、设施、课程特色等实际情况，挖掘出在校内可能创设模拟情境的资源。同时也需要发掘各类职业的相关校外人员，如校友、家长、行业代表等，作为为学生提供间接职业体验的资源储备。

2. 加强教师指导的引导性

学生在职业体验中体验与思考的深度及广度跟教师的指导紧密相关。在有效的职业体验中，教师指导不应是一种直接的指令式或告诉式指导，而是借助一些工具，如提问、量表、价值澄清、任务驱动等，引发学生对体验情境的选择、对体验过程的回顾、对体验感受的体悟与分析等。只有富有引导性的指导，才能激发学生进行批判性反思并进一步做好对经验的提炼概括，从而达到综合实践活动课程中职业体验的相关目标。职业体验是《中小学综合实践活动课程指导纲要》所规定的四种主要活动方式之一，在本质上它体现的是职业与教育的关系，也是学校教育回应社会发展对于人才培养规格和培养模式发生变化的一种体现。

第六节　四种活动方式之关系

学习提要

正确理解四种活动方式之关系，需要注意下列方面：首先，四种活动方式与四类活动目标之间存在复杂联系，而非线性化、一一对应关系；其次，四类活动方式的区别还体现在事实与价值的关系方面；最后，融合实施四类活动方式的关键是将事实与价值的融合体现在每一活动、每一主题探究始终。

《中小学综合实践活动课程指导纲要》指出："综合实践活动方式的划分是相对的。在活动设计时可以有所侧重，以某种方式为主，兼顾其他方式；也可以整合方式实施，使不同活动要素彼此渗透、融合贯通。"这意味着不能把四种活动方式变成"四门学科"，分别轮流去教，而要以学生选择的问题为核心，融合实施四种活动。

正确理解四种活动方式之关系，需要注意下列方面。

首先，四种活动方式与四类活动目标之间存在复杂联系，而非线性化、一一对应关系。如"价值体认"目标在"职业体验"活动中有所侧重，但它同时贯穿在其他活动，特别是班级团队活动等非指定领域中；"责任担当"目标在"社会服务"活动中有所侧重，但它同时渗透在其他活动，特别是"职业体验"活动中；"问题解决"目标在"考察探究"活动中有所侧重，但它同时体现在其他活动，特别是"设计制作"活动中；"创意物化"目标在"设计制作"活动中有所侧重，但它同时表现在其他活动中。明确活动方式与活动目标之间的复杂联系，就既能均衡实施四类活动、均衡实现四类目标，又不会机械割裂四类活动。

其次，四类活动方式的区别还体现在事实与价值的关系方面。"考察探究"与"设计制作"更多从事实出发，更多为了满足学生的好奇心和想象力。因此，可大致把这两类活动称为"事实形态"的综合实践活动课程。这类活动的独特价值表现在：第一，儿童文化的独特性和儿童的个性自由在探究世界的过程中获得充分体现；第二，儿童的探究精神和创造性在探究世界的过程中获得充分发展；第三，世界的复杂性得到还原和尊重。世间一草、一木、一粒微尘都比我们想象的要复杂。复杂的世界不仅通过成人而且通过儿童来表达自己。还世界以复杂、还儿童以个性是综合实践活动课程的重要诉求。

"社会服务"与"职业体验"更多从价值出发，更多为了发展学生的社会责任感、公民素养、交往协作能力等。这两类活动可大致称为"价值形态"的综合实践活动课程。这类活动的独特价值表现在：第一，在教育目的上把"主动的学习者"与"负责任的人生""负责任的公民"融为一体，由此使课程与教学植根于伦理意义和道德价值；第二，在教育方法上把"反思性行动"置于核心，由此使课程与教学走出"坐而论道"或机械记诵；第三，它拆除了学校教育与社会、生活之间横亘的藩篱，由此使教育成为参与社会、生活的行动，社会、生活成为教育的基本精神和重要资源。

最后，融合实施四类活动方式的关键是将事实与价值的融合体现在每一活动、每一主题探究始终。两类综合实践活动课程不是把事实与价值割裂开来并偏向一端而形成的，而是设计和实施综合实践活动的两种风格或取向。"事实形态"的综合实践活动课程不是不顾活动的价值与意义，而是从探究"世界是什么"入手，在理解了世界的本质的基础上再自然引申出对世界的情感和改善世界的行为。"价值形态"的综合实践活动课程亦非漠视对世界本质的探究，而是认为改善世界的过程就是际遇世界本质的过程，抑或认为，只有世界得到改善，其本质才能呈现。大致说来，第一种风格更表现出自然的、科学的特性；第二种风格则更具有社会的、道德的特性。第一种风格更强调事实的基础地位，更关注“价值由事实而引出”这一方面；第二种风格则更强调价值的基础地位以及事实对价值的依赖性。

两种风格显然可以相互启发、相互补充：在探究“世界是什么”的同时或稍后追问“世界会好吗”，进而投入改善世界的行为，“事实形态”的综合实践活动的价值会获得充分发挥；在从事旨在“使世界更好些”的反思性行动的同时或稍后追问“世界的本质是什么、问题的根源是什么”，由此使自己的行动更深刻、更理性，“价值形态”的综合实践活动会变得更有力量。两种风格的区分显然是相对的，有时二者的界限是极其模糊的。对任何一项综合实践活动而言，“世界是什么”和“世界会好吗”两种追求统一得越完善、越天衣无缝，其对儿童的发展价值就越大。

本章小结

《中小学综合实践活动课程指导纲要》规定了四种主要的活动方式，包括考察探究、社会服务、设计制作、职业体验。本章对四种活动方式的内涵、价值以及实施进行逐一考察研究。尽管每一种活动方式各有其特定内涵、特点和不同侧重点，但四种活动方式蕴含的核心思想是活动方式即课程，彼此之间在实施过程中亦是彼此融合的。

【思考与练习】

1. 结合自身的实践经历谈谈四种活动方式之间的异同。

2. 请对综合实践活动课程的四种活动方式分别设计一个活动主题，同时体现它与另外三种活动方式的融合关系。

【推荐阅读】

[美]杜威.学校与社会·明日之学校[M].2版.赵祥麟，任钟印，吴志宏，译.北京：人民教育出版社，2005.

第六章
综合实践活动课程的设计框架

综合实践活动课程面向学生完整的生活世界，引导学生从日常学习生活、社会生活或与大自然的接触中提出具有教育意义的活动主题，使学生获得关于自我、社会、自然的真实体验，建立学习与生活的有机联系。要避免仅从学科知识体系出发进行活动设计。

——《中小学综合实践活动课程指导纲要》

综合实践活动课程在新课程结构中作为一种崭新的课程形态被提出来，并被赋予必修课的地位和高度，承受以往未有其比的厚望，并在几年里有大量的文献对其进行理论阐发和实践探索。但在真实的学校生活里，综合实践活动课程的地位和操作的成熟性根本不能与学科课程相比。出现这种局面，原因自然颇多，有些原因是现实性的结构性矛盾，解决这些矛盾非一日之功，但有一个重大的问题，其解决却是我们教育研究人员自然要承担的职责，那就是：消弭理论和实践的隔离，廓清宏观阐述和微观操作之间的障雾，疏通其运作过程中的种种关节。鉴于此种考虑，试图初步构架一个综合实践活动课程的设计框架，供广大教师参考，有以启之。

第一节　综合实践活动课程的教育价值追求

学习提要

综合实践活动课程是一种向两端无限延伸的课程，一端是儿童的现实生活，一端是学科知识，由儿童的创造性思维和探究欲望把这两端连接起来。

综合实践活动课程之价值和意义如谜团一样浮在许多教师的脑海里。没有清晰的目标导引，便缺乏追求的志趣和动力，习惯了传统学术性教育目标的我国教育和我国教师，要在旋踵之间理解和接受一门价值和意趣都与之迥异的新课程，并不是一件容易的事情。

相对而言，与学科课程相比，综合实践活动课程的价值追求主要不是学术性取向的，而是以创造性自我探索、体验和表现为价值旨趣和取向的。我国教育长久以来追求学术性一统天下，造就了国人凝固的教育思维方式，对这种不由教师来主导的教育目标追求，眉间心上，充满的都是困惑、迷茫甚或排斥。

把眼光扎根在真实的生活里，把生活的教育价值挖掘和提升，难道真与学校教育如南北两极、渺不相涉吗？

“蚂蚁是我的老师，一朵浮动的云彩是我的老师，一片树叶也是我的老师，我可以学蚂蚁走路，学云彩变幻的形态，学树叶的抖动……”，舞蹈家杨丽萍如是说。

“舞神”杨丽萍，一个用独特的肢体表达独特的自我生活感悟和体验的精灵，童年时代的经历和记忆奠定了她理解舞蹈的独特价值取向的基础，一个并没有受过多少专业教育的人，却因为对自然和生活的深刻体验，达到了理解自我的哲学高度。

在杨丽萍的记忆里，童年生活是充实饱满的，因为她把自己投入了大自然的怀抱，大自然的意义和价值，没有封存在山山水水里，而是由杨丽萍用独特的审美眼光和求知欲望把它揭示出来，建构起来，并作为元素融入自己的肢体动作中去。

大自然是最好的教师，这是由卢梭确立起来的鲜明教育命题。我们联想到卢梭，是因为卢梭确立了从自然中和从直接经验中学习的价值，确立了思考课程和教学问题的一种路向。这种路向，在美国课程史上，由许多教育理论家继续阐发和弘扬，并作为一种教育精神在美国进步教育时代蔚然成风。虽然进步教育运动在20世纪50年代式微了，但是，从经验中学习这种课程哲学路向，一直作为进步教育留下的最可称美的课程遗产在美国教育实践中保存下来。在最近几十年里，这种课程与教学取向在世界教育范围内，通过不同的名称重新得以复兴。我国新课改中的“综合实践活动课程”，便是沿此而起，它的出台，作为一种载体和平台，承担着实践此种课程哲学路向的时代使命，从某种程度上说，它是扭转我国教育往所谓的“智力训练”一路走去之趋势的一种努力。

但是，我国综合实践活动课程的价值，在实践层，甚至在理论界，都没有受到应有的关注。在很多学校的课程表中，该课程落得个陪衬的地位。在理论界，对之也多有诘难，诘难的根据，在于卢梭之过于重视直接经验的教育理论的缺陷、进步教育运动的弊端甚至“文革”时期知识价值的沦失不彰。据此，他们提出了当前教育中存在着一股“轻视知识”的教育思潮的判断，并进而基本否定了“综合实践活动课程”开设的价值和必要性。

可鉴的“前车”自然是需要避免的，现代人的智慧应该建立在对前人经验的深刻反思之基础之上。但是，这种历史的反思应该随之以理性的现实判断，对过去失误的认识，如果带来的是“十年怕井绳”的恐惧心理，则容易陷入教育保守主义的歧途。

课程改革应该是在认识现实的基础上谋得不同课程的平衡和融合。当前人的智慧和理性,建立在这样一个知识经济和全球化的时代,已经不容易重复那种否定或者轻视知识价值的错误。新课改的理论核心,是建立在对知识本身的更深刻思考之上的,具体地说,它思考的是“什么知识最有价值”这个课程论的核心命题,并且,这种思考是与教学和学习哲学紧密融合在一起的。

我国的综合实践活动课程看到了儿童从现实生活出发,寻找探究课题,并在解决问题的过程中建构个体知识的意义和价值。综而论之,综合实践活动课程是一种向两端无限延伸的课程,一端是儿童的现实生活,一端是学科知识,由儿童的创造性思维和探究欲望把这两端连接起来,具体言之,就是通过对知识的综合运用,解决具体现实生活中的问题,在这个过程中,理解生活、感悟生活,并真实地体验到学科知识虽然有其逻辑,但并不是分隔的,学科知识在思考和解决问题的过程中可以综合起来。

第二节　综合实践活动课程的基本原则

学习提要

综合实践活动课程的基本原则有表现自我与信任、产生精彩的观念、促进团体成员的多样性与包容性。

综合实践活动课程所秉持的一种教育信念就是:每个学生都有其特性和才能,但是在学校传统的学术性教育目标的追求的驱动下,他们的这些特性和才能往往在学校相对狭窄的教育日常活动中得不到突出。这些特性和才能是他们自我组成中的重要部分,当其被学校生活忽视、边缘化甚或排斥的时候,他们的自我就得不到完整的展现和张扬。综合实践活动课程以创造性自我表现为核心教育价值诉求,它的目的就是要通过创造一门课程载体,让每位学生都有参与创造性活动的机会,通过活动来更好地发现自我、展现自我和升华自我。为了把这种教育价值诉求作为一种精神要素完满地扎根于综合实践活动课程之中,我们可以提出一些原则性的内容,来更丰富地表达这门课程的精神内涵。

一、表现自我与信任

我们在中小学指导综合实践活动课程开设的过程中,经常听到有些教师抱怨说:“我们这个课题小组的学生都很差,因此课题完成的质量肯定不会好。”这些抱怨都显示出教师对学生的不信任、教师教育意识的欠缺,更甚者,这种抱怨经常是当着学生的面抒发的。每每听到这种抱怨,我们会偷偷打量一下在场学生的反应,我们发现,对于教师这种破坏学生自信心的评头品足,学生们只能采取哑忍的方式,有的学生低下头,有的学生脸上显过不自然的表情,有的学生表现得木然,似乎已经习惯了教师们这种嫌三厌四的态度。

教师们为什么倾向于在综合实践活动课程中如此评价学生呢?追根究底,还是传统的思维定式使然,具体说来,就是把在学科教学中积累的对每个学生的印象固定下来,然后挪置到综合实践活动课程中。这种挪置,反映出教师对综合实践活动课程和学科课程之间性质差异的认识模糊。在学科教学中,教师们认为,学习就是对具有标准答案的"客观"内容的掌握,因而这种学习是结果导向的,学生们掌握了某种客观知识,一项学习就完成了。这种学习观相应地塑造了教师固定的学生评价观,就是按照学生在学科学习中掌握"客观"知识之能力的高低来衡量学生之整体能力的高低。

此处先毋论这种学习观和其中包括的知识观之对与错,前面已经讲过,综合实践活动课程以学生的创造性自我表现为重要的教育价值诉求,这种价值诉求决定了学生在综合实践活动课程中的学习方式是探究性的、表现性的、过程性的和自由性的。这并不是说不关心在课题完成中的效率性和课题的结果质量,而是说,这种效率性和结果质量的看重并不是学习的主要真谛,过于看重这些课题活动评价标准,就会掩盖了学习和活动的复杂性内涵和本质特征。因为综合实践活动课程的这种非学术性目标追求的特点,就决定了这门课程尊重和信任每个学生身上的创造性和能力,并充分给予机会来实现之和表现之。

可是,在实践中,我们发现,很多教师对课题结果的过度重视(很重要的一点是,这种重视带有很强的攀比的味道)已经扭曲了综合实践活动课程的这种特点和追求。这门课程试图让学生在活动中发现和提升自我的能力、兴趣爱好等,这个过程需要教师表现出同样的兴趣,给予信任、鼓励和帮助,有了教师身上表现出来的这些积极的东西,学生就会更有信心克服发现自我和表现自我的恐惧。

二、产生精彩的观念

哈佛大学著名课程论专家达科沃斯认为智力发展的本质也就是学习的本质是"精彩观念的诞生",对于以知识掌握为目标的教育来说,这种学习哲学是陌生而又新奇的。以知识掌握为目标,以传授为手段的教学,在很大程度上并不是建立在学生的好奇心之上的。好奇心促发人的探究欲望和学习激情,在好奇心促发下的探究和学习,伴随着人的创造性的理性思考,它以学生在学习和思考过程中所产生的各种各样精彩的观念和主意为具体表现。

学科知识的教学当然也可以以这样的智力观和学习观为前提，但综合实践活动课程的特殊之处在于，它在根本上和核心上把学习的前提建立在学生对生活世界的好奇心之上，并且把教育的目的看成是帮助学生建立对周围世界和整体世界的好奇心，比起学科课程，它创造了更为自由的探究氛围、更为宽阔的学习内容、更为丰富的学习手段。在这种更为自由的学习环境下面，学生们以生活为探究的对象，有更充足的时间和空间来思考和活动。

在这门课程里，教师们要养成“慢慢走，欣赏它”的教学态度，倾听学生头脑里汩汩涌奔的新主意、新想法，这种倾听的过程，就是在亲身感受和见证学生智力成长的节奏感。这种师生双方互动的过程和内容，外人无法感受和体会，静止的课题成果里无法展现和复演，但它又是综合实践活动课程的真谛所在。

但是，恰恰因为课题成果展示和评价无法把这一学习的真谛复演出来，习惯了看重课题结果和外在评价的教师，常常没有耐心和愿望感受这种教学的深刻意蕴。

三、促进团体成员的多样性与包容性

探究和学习可以是安静和独处的过程，但在综合实践活动课程中，课题的研究通常是以小组合作的组织形式进行的，就是说，这门课程鼓励学生把探究和学习作为一种社会过程来对待。课题和主题是把小组活动组织起来的核心，完成一项课题活动是大家的共同目的，这就决定了在小组活动中，不仅是个体发挥自己的聪明才智，而且要呈现团体合作的效力，每个人都是作为集体的一员在参与探究和学习。

我们认为，团体成员的同质性能够保证一项课题更加有效率地开展，但是我们也认为，团体成员的异质性更能够促进一项课题探究过程的丰富性。多样性的团体成员，彼此的探讨更能够激荡创造力，想出更多多元化的办法，更加丰富团体解决问题的思路，更加丰富活动的类型，并且在这个过程中，鼓励学生理解和欣赏不同于自己特点的其他成员，鼓励学生对异文化和异思想的深思和接纳。

所以，教师在尊重学生意愿的前提下，也可以把多样性的学生组织在一起，这种成员具有多样性的团体，在活动中可能有意想不到的困难，但是也会带来更多意料不到的收获。这种多样性不仅是不同特点的多样性，而且可以是友谊关系的多样性。在实践中，我们发现，学生在组成小组的过程中，经常是友谊关系决定了小组成员的组合，这样的组合完全无可厚非，但是，如果学生们有更强的包容性，能够超越友谊关系来选择小组组合，那就可以更加丰富团体成员的组合方式，从而能够在新的成员组合方式下体会和丰富合作的新感受，建立新的亲密友爱关系和合作竞争关系。

第三节 综合实践活动课程的实施要素

学习提要

综合实践活动课程的实施要素分为学生活动的要素和教师指导的要素。学生活动的要素有"讨论""现场活动""反思""表现"等内容;教师在指导课题开展过程中的原则性活动要素主要有"倾听""观察"和"引导"等。

综合实践活动课程是过程取向的,就是说,开展综合实践活动课程就如爬山,它鼓励对爬山过程的欣赏,而不是只对终点的仰望。那么,过程取向的真谛是什么呢?是什么来丰富过程取向的内涵呢?

从课题选题到课题展示,是开展综合实践活动课程的一个完整过程,但是,过程取向的含义不会仅止于此。这是因为,我们在实践中发现,很多经历了这样一个完整过程的研究课题,形如流水账一样的苍白乏味。

因此,课题的步骤只是过程的形式,过程取向的内涵却要由更丰富的精神性要素来达成和体现,是这些要素对课题步骤搭成的过程框架补充进血与肉。

我们可以把这些形如血与肉的内容分为学生活动的要素和教师指导的要素,学生活动的要素有"讨论""现场活动""反思""表现"等内容,这几个功能性要素可能都要渗透于课题进行的每个步骤过程中,并且,它们之间也不只是衔接性地递推的,而是彼此流转激荡的。

一、学生活动的要素

(一)讨论

讨论是最能体现团体性活动之含义的要素,综合实践活动课程中讨论的特点就是"始终存在于孩子们之间、始终基于生活经验,而不是像许多学科教学那样,因讨论是掌握学科的手段,故最终必须回到老师、回到学科逻辑"。

也就是说,讨论是在自由的氛围下进行的,运用消极自由的概念来讲,讨论就是要摆脱教师的控制。当然,这不是在"绝对意义上"说的,在美国进步教育时代,持"儿童中心主义"论的人曾经过分运用了儿童自由的这一层含义,拒绝教师对学生学习的有益干预,在这一点上,杜威和儿童中心主义者显示出根本的不同。

但是,现实的问题是,教师为了避免学生的讨论脱离主题和没有效率,经常会过多地控制学生讨论的空间和内容,喧宾夺主。这样,教师就成为讨论的中心,学生成了配角。

另外，说到讨论过程的意义，可以从两个方面来讲：一是，讨论的直接目的是集思广益，解决问题；二是，讨论过程本身也具有重要的价值，这种价值在某种程度上可能超越了解决问题的价值。讨论过程即体现智力成长的价值，诞生新思想的过程就是智力成长的过程，这是达科沃斯的智力观，真正的讨论过程会产生各种各样的新想法，一个想法可能对课题解决本身没有多少价值，但是这种开动脑筋的意义不也在儿童成长的范围之内吗？

（二）现场活动

我们要明白，教室不是唯一让学生们学习的场所，对于综合实践活动课程来说，这一点尤为明显。走出教室，尤其是走出校园，在亲身的户外活动体验和探究中，学生更容易理解与自己的生活，与课题本身，甚至与学科知识有关的内容和话题。到户外进行现场活动，一方面能够在鲜活的生活中产生鲜活的问题，并进而设计为研究课题；另一方面，带着研究问题和课题计划到现场去观察、访谈、动手操作、感受和体验等，以期获得第一手的研究资料，这也是加强课题研究的科学性和丰富性的重要环节。

（三）反思

反思是综合实践活动课程实施的一个环节，也是渗透进整个课题的一种理性精神。反思无处不在，一次活动后需要反思，一项课题结束之后需要反思，反思可以帮助学生发现过往研究环节中的得失，避免无意义的错误重复，帮助学生在接下来的环节中或者在另外一项研究中做得更好，实现自我更新和升华。如果学习者没有得到鼓励去进行反思，他们便不大可能会吸取那些产生于自己理解基础之上并有所改变的教训。

反思比感受更进一步，感受经常是片段化的、直接的、感性的，反思要更深刻、更理性、更全面。反思的意义如此之大，因此教师就要把反思作为一个环节和部分加以组织和倡导，安排出有意义反思所需要的时间和形式。反思可以是独处性和独立性的，个人静静地独处一地，集中注意力，自我梳理和盘算衡量；反思也可以是合作性的，大家共处一室，发挥各人的视角，彼此剖析和评价。

（四）表现

前面已经讲过，创造性自我表现是综合实践活动课程的重要教育价值诉求。表现自我是儿童的一种天性需求，也是成长的必需，儿童天性中蕴藏的能量冲动，需要以思想或者活动的形式释放、表达出来。儿童的一个新想法，就是一种自由的表达，儿童的一个活动，就是一种自由的表现，综合实践活动课程，就要为学生这种自由的表达和表现提供舞台。

表现是儿童能量释放的一种需要，同时，表现形式的多样化也是儿童天性的一种需要，表现形式的单调会让儿童产生厌倦心理，挫伤儿童的探究积极性。因此，教师就要鼓励学生用多种表现形式（如演讲、表演、绘画、建造、文字、图表、音像）来表达自己的思想，表现自己的活动能量，表现自己的研究发现、收获和研究结果等。

二、教师指导的要素

学生的研究活动离不开教师的指导，杜威在反对进步教育之儿童中心主义走过头的时候曾说："如果没有一些经验的指导，那么这些反应几乎肯定是偶然的、零星的，最终是令人疲惫的。""儿童若缺乏教师的指导，就不会获得丰富的经验；反之，他的经验会愈加贫乏。"

但是，那种颐指气使、盛气凌人和有强烈控制欲望的教师应该在指导学生研究的过程中注意收敛自己的性格特点。综合实践活动课程一方面强烈需要教师的亲身指导，另一方面也强烈抗拒教师对学生研究过程的控制甚至包办。总而言之，教师在指导课题开展过程中的原则性活动要素主要有"倾听""观察"和"引导"等。

（一）倾听

综合实践活动课程是学生创造性自我表现的舞台，在这个舞台上，学生是主角。在学生研究过程中，教师即使要表达，也要在倾听之后。面对一项任务或者问题，在讨论过程中，在学生表达思想的过程中，教师除了做出一些必要的方向性引导外，应该创造充分的时间和空间让学生自由地表达，自己扮演一个倾听者的角色，倾听过后，可以根据需要艺术性地表达自己的看法和建议，但是要避免这种建议和看法在学生眼里成为强加，而是要让他们觉得是一种平等的思想资源。

倾听是课题研究本身对教师的要求，同时也是教师研究学生的一个机会。教师通过倾听学生思想的表达，发现学生思维运动的特点和连续性。

（二）观察

观察与倾听的要求一样，都要求教师在场。观察是一种研究品质，教师通过观察，研究学生的活动现状、特点和需求等，以便能够更好地做出指导。

（三）引导

在综合实践活动课程中，教师的引导是讲求节奏感的艺术，一方面要尽量避免把自己的创意无休止地强加给学生，另一方面要帮助学生形成自己的创意和计划。教师们要努力在这两者之间谋得合理平衡。

第四节 综合实践活动课程的实施步骤

学习提要

综合实践活动课程的实施步骤分为确立研究课题、课题计划和启动、课题实施、课题展示和反思。

综合实践活动课程并不是让儿童漫无目的地去被动性地体验和经历,止于从生活中获得一些直接的零碎印象,而是让儿童带着问题意识,运用科学的方法,主动去思索和探究生活能够赋予人的新意义和新感受。

综合实践活动课程之儿童活动的主动性体现在它并不是没有程式,一味即兴发挥,而是也要遵循一些基本的科学性研究步骤。虽然儿童即兴性的思考和探索也能够产生许多意料不到的收获,但是一些基本的科学步骤能够保证学生把研究和思考一步步推向深入,有目标也有结果。在某种程度上,儿童和成人一样,对没有目标和结果的探究也可能无法保持兴趣的持续性和经验的深度。

一、确立研究课题

确立研究课题是课题研究中的首环,主题是组织综合实践活动课程的核心。一个好的课题应该兼顾兴趣性、科学性和可行性的原则,兴趣性主要由学生来掌握,科学性和可行性却依赖教师的经验性指导。这三个原则缺少哪一个,都会给接下来的研究的持续性带来各种困难。

我们可以设计一个表格来帮助学生选题,如表6-1。

表6-1 学生选题问卷

班级:	姓名:	性别:
1.观察大自然、你的家庭、教室、学校、周围的社区、整个城市等,想想你对这些自然环境和生活环境当中的什么东西、哪些方面最感兴趣,很想探究其中的奥秘?		
2.你是如何产生研究这个项目的兴趣的,想了解这个东西的哪些方面?		
3.你想自己独立研究还是与其他同学合作研究?		
4.你希望哪位老师做你的指导教师来帮助你研究?		

我们在学校中发现,学生在选题的时候,通常是依赖对过往生活经验的一些零碎的印象和记忆,来苦思冥想或清晰或模糊的兴趣点。但是,对于孩子来说,尤其是城市的孩子,因为感受大自然的机会较少和对周围社区和学校等生活环境的过于熟悉等,那些零碎经验记忆无法迅即转化为清晰的兴趣点,这也是常有的事。碰到这种情况,教师最好不要急于让学生勉强地确定下不感兴趣的兴趣点,而是可以主动带学生到户外去,有意识地去认识和体验以往非常熟悉的周围生活,当问题意识被带进选择过程中的时候,那些过往并不起眼的或者非常熟悉的环境和生活内容就可能悄悄溜进学生的头脑里,变成有待开掘的研究主题。这样的选择兴趣点的过程并不是非在确立新的课题的时候才进行,教师可以鼓励学生在日常生活和经历中有意识地去记忆和选择研究题材,并有意识地列举一个兴趣点清单,当一个旧的课题完成的时候,就可以从这一个清单中选择出最感兴趣的兴趣点,作为研究的主题。并且,学生经历这样的长久训练,对生活和环境的敏锐性和问题感自然会逐步提升。

学生在确立研究主题的时候,经常是直觉性的,即是说,只是直觉性的一些兴趣点的列举。在这个时候,教师可以提问"你是如何产生研究这个项目的兴趣的?"就是在帮助学生在所选择的兴趣点范围内提炼出一些引导性的问题,来逐步构成课题研究的内容主体,并赋予这个课题以更深刻更精确的含义。例如,上海某所中学的学生提出要研究"交通",对于一项研究来说,这无疑是一个粗糙宽大,没有视角和切入点的主题,它反映出学生对所研究的内容在很大程度上并没有清晰明确的问题意识。此时,教师可以帮助学生在"交通"这个兴趣点上提炼出一个总的问题:怎样判断上海市的交通状况以及有什么样的改进思路?在这个总的问题下再分解出许多小问题,由这些问题来共同为"交通"这个大的主题提供相应的细致的研究框架。如果"交通"这个主题过于庞大,所提炼的问题都面面俱到的话,对师生的精力来说无疑是一个巨大的挑战,本着可行性的原则,教师此时可以和学生从提炼的问题当中选择一个作为研究主题,并细致提炼为一个研究课题,例如,可以最终确定为"白杨路交通现状调查"这样的课题名称,通过聚焦一个小小的支点"白杨路"来映射一个大问题:上海交通。

二、课题计划和启动

在确定研究课题名称的时候,已经有了这样一个过程,那就是,由问题来引导和确定所要研究的课题。课题主题和名称确定下来之后,就进入了课题计划和启动阶段,这一阶段的任务,就是要由教师来帮助儿童对选择的话题建立共享的观点,引导其形成探究的一系列问题。这时候,教师可以列出一个表格来引导学生形成自己的研究计划,如表6-2。

表 6-2　学生研究和活动计划

组长：	指导教师：
研究小组成员：	
课题名称：	
1. 对本课题你已经知道了哪些相关内容？	
2. 你觉得还有哪些问题需要去研究？	
3. 怎样研究这个问题（有哪些活动计划以及如何安排时间和进度）？	
4. 研究小组内部如何分工（研究小组成员的具体工作安排）？	

如果学生有户外活动，教师则可以帮助学生设计一个调查和访问问卷表等，例如表 6-3。

表 6-3　观察和调查表格

组长：	指导教师：
研究小组成员：	
观察和调查具体项目与内容：	
观察和调查时间：	
观察和调查地点：	
观察和被调查对象（包括人或事物）：	
观察和调查后的发现：	

三、课题实施

课题的初步计划既已制订，师生便要循此把课题展开并深入研究。课题研究的手段须丰富多彩，有思考、有讨论、有资料查询、有户外调查体验活动等，并且课题组成员各有分工，各有研究内容，这样才能保证课题研究不流于表面和乏味，学生的兴趣也才能持久不衰。我们以前在有些学校观察发现，综合实践活动课程开展的手段过于单调，多是在网上或者资料室搜寻信息，然后整理信息，一遇资源紧张、周转不灵的时候，这个环节也不能保证。学校并不乐意校外或者校园活动，校门轻轻地打开，要承受无限的压力。不喜校外活动是要免于安全之虞，不喜校内活动是怕校内原本秩序井然的安静环境过于混乱，因此鲜有户外活动尤其是校外活动，偶或有，也缺乏目的、细致计划和组织，因此就缺乏效率和深度，甚至深入的思考和讨论也乏善可陈，教师缺乏耐心和动力组织学生讨论，即使有讨论，教师也经常不能参与其中，坐在角落袖手旁观或者批改作业、试卷者多有其人。这样的局面，自然是不能保证研究的质量。

到校外进行观察、访谈、实验、操作、记录等探究和体验工作，这经常是课题研究中最有价值的部分。校外现场活动的意义，并不在于把外面精彩的世界浮光掠影般让学生略览，它的意义，只能通过学生之探究兴趣和问题解决的意识与冲动等展现出来，这些东西，也是综合实践活动课程之户外活动必须具有的元素。例如“白杨路交通现状调查”这个课题，学生在上海浦东白杨路、芳芯路和芳草路的交界路口蹲点观察，并不只是带了一双眼睛观看令人目眩的车水马龙、人来人去，还带着一种切身的体验和问题而去：“当我每天经过白杨路、芳草路路段时，尽管路口有红绿灯，但现实混乱的交通局面总让我小心翼翼地过马路，上学路上有种不安全感。通过参加这个课题，我想通过自己的亲临调查来了解一下人们的交通意识到底怎样。”

但也无可讳言，有些校外探究和体验活动只是单纯的游玩，问题性不强。没有产生期望的活动结果后，便缺乏继续深入寻找问题的动力和方法。我们要明白，不管怎样活动，如果到校外去的目的不明确，那么对课题研究来说基本是无济于事，仅仅走马观花后做些笔记是不够的，因此，每次到户外去，教师都要和学生一起明确出去的目的、意义，要探究和体验的内容，在现场活动过程中，教师能够提出一些问题让学生去思考。活动结束后带着问题回归，在这些问题的基础上继续让学生们讨论相关的话题内容。

教师可以设计类似表6-4的表格，供学生在每次活动结束之后完成。这个表格是为了让学生在头脑里梳理自己的活动过程，把在活动过程中观察和体验到的东西等清晰化和条理化。

表6-4　活动和成长记录

班级：	姓名：	时间：
课题名称：		
我的行动：		
我的发现：		
我的感想：		

四、课题展示和反思

一项课题完成或部分完成之后，就进入了课题展示的阶段。成果展示分作品展示（剪贴报、模型、手工小制作等）和主题活动展示（活动介绍、演讲、表演等）两种。由班主任统筹安排，指导教师与学生商议确定活动成果展示的内容及具体方式。展示后，教师对学生的成果做出评价。

课题展示，是学生自我表现的需要。课题研究所获得的新东西，需要以个性化的方式表现出来。组织精彩的课题展示，是儿童饶有兴趣的一个环节。同样重要的是，展示是为了交流的需要，把自己的研究成果展示出来，供其他人去欣赏、评价和讨论，这是深化对研究内容认识的一个重要途径。

反思既是课题研究步骤的一部分，又是渗透进整个研究过程中的一种理性精神。反思的重要性前面已有陈述，此处不再赘述。反思可以以专题写作、讨论、个人总结等方式进行。通过反思，学生把在研究过程中获得的经验得失进行进一步的领会，并延伸到下一次的课题研究中去，和新的课题实现有意义的过渡。

此处教师也可以用类似表6-5的表格的形式，帮助学生反思活动历程，记录活动体验与感受。

表6-5　活动历程反思问卷

班级：	姓名：
1. 你对这次的研究活动是否感兴趣？如果不感兴趣，请说出理由。	
2. 你的指导教师是谁？你想对他（她）说些什么？	
3. 你认为自己做的结果怎么样？	
4. 在做的过程中，你遇到的最大困难是什么？	
5. 通过这次活动，你最大的收获是什么？	
6. 如果你是合作研究，那么你感到小组合作是否愉快？	
7. 如果有这样的活动，你愿意继续做吗？如果不愿意继续做，请说出你的理由。	

尽管从“确立研究课题”到“课题计划和启动”，再到“课题实施”及“课题展示和反思”，彼此间环环相扣、前后相续，但这些“步骤”间不是线性关系，而是复杂地交织在一起的。例如“确立研究课题”这一环节，不仅在“课题计划和启动”阶段得到具体化，而且很有可能在“课题实施”阶段得到调整甚至重新选题，而“课题展示和反思”过程很可能孕育着新的选题；“课题计划和启动”这一环节也渗透在课题研究的全过程中；“课题实施”环节中的要素如现场研究和调查很可能渗透在“确立研究课题”和“课题计划和启动”阶段；“课题展示和反思”不一定非到课题最后阶段才进行，事实上，不仅反思伴随着课题研究的全过程，而且“展示”亦可视需要采取多种形式并随时进行。

本章小结

本章探讨的主题是“综合实践活动课程的设计框架”，综合实践活动课程的设计要以其教育价值旨趣为根本，坚持表现自我与信任、产生精彩的观念、促进团体成员的多样性与包容性的基本原则，遵循确立研究课题、课题计划和启动、课题实施、课题展示和反思的实施步骤，并要将由学生活动要素和教师指导要素构成的精神性要素融入课程实施步骤。

【思考与练习】

综合实践活动课程的实施步骤由哪几部分构成？你如何看待它们之间的关系？

【推荐阅读】

钟启泉，崔允漷，张华.为了中华民族的复兴 为了每位学生的发展——基础教育课程改革纲要(试行)解读[M].上海：华东师范大学出版社，2001.

第七章
综合实践活动课程的内容选择

我认为教育是生活的过程，而不是将来生活的预备。我认为学校必须呈现现在的生活——即对于儿童说来是真实而生气勃勃的生活。

——杜威

《中小学综合实践活动课程指导纲要》指出："学校和教师要根据综合实践活动课程的目标，并基于学生发展的实际需求，设计活动主题和具体内容，并选择相应的活动方式。"同时确立了自主性、实践性、开放性、整合性、连续性等五大内容选择与组织原则。那么，综合实践活动课程的内容范围是什么？学生的选题过程的本质和意义是什么？如何更好地帮助学生选择研究课题？本章将探讨这些问题。

第一节　综合实践活动课程的内容范围

学习提要

1. 综合实践活动课程的内容范围包括每一个学生置身其中的日常生活、社会生活和职业世界，即学生的生活世界。

2. 学生整体的生活世界包括相互渗透的三个方面，即人与自然、人与社会、人与自我，由此形成综合实践活动课程开发的三个维度——自然维度、社会维度、自我维度，这既是综合实践活动课程的基本内容，又是其具体目标。

综合实践活动课程立足于学生的整体生活世界和真实发展需要，因此，其内容范围包括每一个学生置身其中的日常生活、社会生活和职业世界，即学生的生活世界。学生整体的生活世界包括相互渗透的三个方面，即人与自然、人与社会、人与自我，由此形成综合实践活动课程开发的三个维度——自然维度、社会维度、自我维度，这既是综合实践活动课程的基本内容，又是其具体目标。这些目标包括：发展自然探究与生态伦理（自然性目标）；学会关爱与尊重、学会合作与共处（社会性目标）；学会思考与判断、学会选择与负责（自主性目标）。在设计、组织和实施综合实践活动课程时，既要关注每一维度的相对独立性，又要体现其相互渗透性、关系性和整体性。

自然即课程。当学生置身天地间，体验并探究花鸟虫鱼、山川湖泊、昼夜更替、四季变化等大自然的种种事物与现象，提出自己感兴趣的课题，运用学科知识探究问题，由此既形成对自然的理解，又发展对自然的热爱，还体验“天人合一”的忘我境界。超越对自然的役用与膜拜，走向对自然的理解、欣赏与看护，是综合实践活动自然维度开发的基本原则。“在自然中”的自然探究、“关于自然”的自然探究和“为了自然”的自然探究是综合实践活动自然维度开发的基本内容。此外，在开发的过程中尚须注意季节的变化，在自然探究中渗入人文精神并引导学生慎重对待探究结论。

社会即课程。当学生体验、参与社区生活、社会生活和职业世界，提出有价值的社会问题，利用学科知识理解问题，通过“反思性行动”解决问题，由此发展解决社会问题的能力和社会责任感。学会关爱与尊重、学会合作与共处是综合实践活动课程社会维度的重要价值追求。为此，综合实践活动课程开发要关注移情性、伦理性社会探究；要让学生参与并反思社会生活；要把以亲子关系、师生关系和同伴关系为核心的人际关系作为重要探究内容。与此同时，还要避免“形式化的合作”与“口号式的关心”。

自我即课程。当学生将自己的身体与心理、理智与情感、潜能与个性、需求与特长等变成探究对象，由此发展自我理解、自我概念和自我能力，让自己度过美好、快乐和富有创造性的一生。学会思考与判断、学会选择与负责，是综合实践活动自我价值的集中表现。自我本身就是一个生活世界，自我因而是丰富的探究资源；自我永远是独特的，但这种独特性是在关系中形成和发展的；自我价值的实现依赖于反思性探究。这是综合实践活动自我维度开发的基本原则。与此同时，我们在培养学生自主性时要避免“被动的主体性”和“虚幻的自由”。

综合实践活动课程自然维度、社会维度和自我维度的划分具有相对性。每一个维度中必然渗透其他维度。因此，在综合实践活动课程内容的选择时既要注重三大关系、三个维度的平衡，又要关注彼此间的融合，真正体现生活的整体性。

第二节　综合实践活动课程的选题过程

学习提要

综合实践活动课程选题的具体实施过程包括下列方面：个人研究问题的构思；个人研究问题的表达和交流；研究问题的精致化和天然小组合作团队的形成。

综合实践活动实施过程中，活动主题如何产生是实践中面临的难题。它试图解决的不仅仅是主题本身的价值问题，更为重要的是选题过程本身对于学生发展的意义。我们认为，研究主题的选择过程实际上体现着一个研究的过程，一种学习的方式，一种生活的态度，应成为综合实践活动有效开展、内在价值得以凸显的重要途径。然而在实践中，这个过程未曾得到特别的重视。

镜头一：四年级教室　第一次综合实践活动

师：同学们，这次综合实践活动，你们想研究什么呢？有什么感兴趣的主题，请大家说说。

生1：我要研究植物，研究咬人草。

生2：老师，我要研究飞碟。

生3：我要研究导弹。

生4：我要研究毒药。

生5：我要研究钱币。

生6：我要研究象棋。

生7：我要研究西瓜虫。

生8：我要研究台风。

……

综合实践活动强调主题选择应从学生自身生活出发，从学生的兴趣出发。全班四十余位同学，每个人都提出了自己想研究的内容。听了孩子们的这些回答，老师往往会苦着脸说：这么多主题，我怎么办！孩子根本就不会选题嘛，有的东西，他们根本就不能研究。于是轻易否决了学生的选题权。

镜头二：三年级教室

师：同学们，这次综合实践活动，王老师想到一个好题目，就是结合我们的语文课内容，我们去寻找春天。好不好？

生：好！（齐声）

这次综合实践活动选题过程简洁明快，但这个过程也预示着在这次活动中，老师是导演，孩子们则是被动的表演者。

能不能让学生自己拥有一双善于发现的眼睛，能不能在讨论中让每个孩子都发出自己的声音？选题研究的目的不仅仅是帮助学生寻找到适合的研究主题，更为重要的是，通过选题的过程，帮助学生建立问题对于学生自身的意义、自我与世界之间的联系以及寻求一种社会生活方式。事实上，从自己的生活中发现问题、明确问题、表达问题并寻找志同道合的同伴一起合作研究问题，这本身就是研究的体现。许多老师在综合实践活动实施过程中更为重视问题的解决过程，对于问题的产生过程琢磨不多，而这恰恰丢失了综合实践活动中最具力量的部分——探究对于学生的意义不仅仅是其问题解决的方式，更应成为他思考、生活并赋予自我主体价值的方式。

对选题过程的深入研究，可以让我们的教师和同学在选题的过程中明确活动的意义，学会研究、学会交流、学会合作，为后续的研究打下坚实的基础，从而使整个研究过程成为促进学生发展的一个富有意义的有机整体。

研究中，我们提出了选题的基本实施框架，而选题研究的目的不是要为教师实践提供一个固定的实施模式。事实上，选题的形式应该多样化、个性化，依赖于探究者的体验与思考。选题框架的意义更多应体现在其对于学生发展的价值诉求。

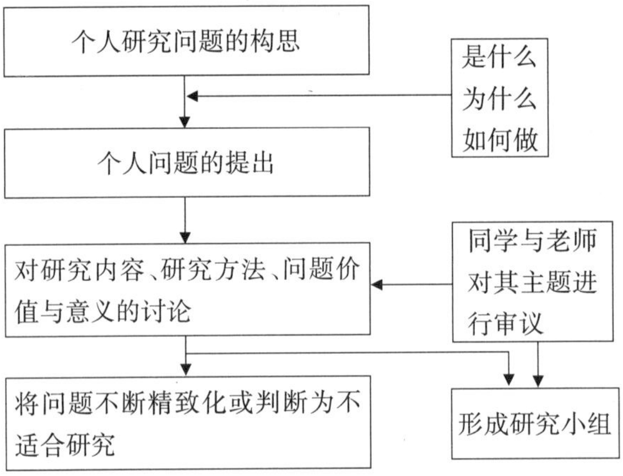

图 7-1　选题框架

该框架的具体实施过程包括下列方面。

一、个人研究问题的构思

当学生被告知可以研究自己感兴趣的内容时，主张学生从自己的日常生活经验入手，寻找自己感兴趣的研究主题。为了促进学生对研究问题的思考和表达，教师可以给出三个问题：

◆我的研究问题是什么？
◆我为什么要研究这个问题？
◆我打算怎样研究这个问题？

学生通过对这三个问题的思考,完成自己的选题计划书。在选题计划书中,学生可以用自己的方式(图、文字)来表达自己的选题过程。在此过程中,学生可以利用查阅资料,和同学、老师、家长或其他人讨论等多种方式完善自己的计划书。

二、个人研究问题的表达和交流

当同学制订好各自的计划书后,老师引导同学们对各自的选题展开讨论。这个过程是:首先由同学介绍自己的选题,同学和老师则对他的选题提出自己的意见。这些意见包括对研究价值、可行性的质疑或对研究方法的建议等。双方的互动交流不断促进大家对问题的深入思考。这个过程的关键是要创建一个平等而宽松的对话氛围。

三、研究问题的精致化和天然小组合作团队的形成

在教师的有效组织下,师生、生生之间围绕选题对话交流,加深了主题提出者对主题的认识,主题不断得以精致化:有些主题的范围变窄,有些主题被转换了角度,还有些主题在讨论中被定为不适合或暂时不适合研究。这些变化的发生都应是在一种平等的对话气氛中逐渐生成的。同时,在对主题的讨论中,一些同学在深入交流后发现对某个研究主题抱有共同的兴趣,这时,教师应鼓励他们一起合作研究。这种经努力思考和认真讨论后形成的"天然小组",其成员不仅基于同样的兴趣,且在理性思考和交流后做出的选择会使他们对自己的研究持有更多的责任感和主动性,从而使真正意义上的合作成为可能。对于一些主题被定为不适合研究的同学,由于主题不是被轻易地否定,而是在沟通中逐渐暴露其选题的缺点,同学大多能在对主题的思考中接受这一结论,并通过这一过程提高自己的认识。

通过这样的选题过程,同学们有了自己渴望探究的问题和志同道合的研究伙伴。重要的是,这一切都是基于学生自身的思考、交流、审议产生的。

第三节 综合实践活动课程选题研究的价值与意义

学习提要

综合实践活动课程选题研究的价值与意义体现在三个方面:真实问题的价值在于自

我意义的产生；表达和交流的价值在于个人观念的产生；天然小组的价值在于合作精神的产生。

综合实践活动课程选题研究的价值与意义集中体现在如下三个方面。

一、真实问题的价值——自我意义的产生

综合实践活动的选题主张从学生的生活出发，选择对学生有意义的真实问题来探究。这与主流学科教学模式有着完全不同的价值诉求。对于我们的孩子来说，他们从来都不缺少问题：上课，老师要向他们提出问题；考试，他们要面对试卷上大大小小的问题。解题，成为学生的学习方式，因而也成为他们的生活方式。然而这不是作为一个完整的人的生活方式，也不应是学生唯一的生活方式。

学校中要解决的许多问题是模拟和虚幻的。这些问题往往从知识的结构出发，基于逻辑推论而产生。倘若这些问题不能与学生的经验有机联系起来，它们对于学生而言就完全成为一种异己的存在。对这些问题的解决，并不能如教材编制者和施教者所设想的那样，让学生深入知识之中。由于问题缺乏对于学生本身的意义，问题在学生那儿转化成了“发现教师喜欢什么，在课堂问答和考试以及外表行为方面有什么可以使老师满意的问题”，这样，学生学习的实质不是在探究知识，或者说，看起来好像是在探究知识，而从根本上，学习已经转化成了对各种考试外在要求的掌握。这样的学习活动对学生来说，是外在的、与己无涉的，所追求的是外在于自我发展、知识探究本身的目的，由此习得的就是静止的、冷藏库式的知识。这种知识与生活格格不入。

设立综合实践活动课程的目的是让学生在探究生活的过程中，建立起自我、知识以及世界之间的联系。在杜威的教育思想体系中，“教育即生活”成为其第一个重要的教育观点，他强调说：“公立学校的第一任务是教儿童在他发现自己所在的这个世界里生活，理解他在这个世界上分担的责任，使他在适应社会方面有个良好的开端，只有当他把这些事情做得很成功时，他才有时间或兴趣去从事纯属智力活动方面的修养。”生活不仅仅给予个体以经验，更为个体生存赋予意义和价值。

因此，一个植根于学生生活的真实问题的价值，一个由学生自我发现的问题的价值，不只是关于这个问题本身好坏的价值评判，而在于这个问题的产生对于产生问题的这个学生所具有的意义与价值。问题的产生、表达、磋商、解决的过程即是学生不断探究生活、发现自我、寻找生存价值的过程。任何外在于学生的问题，如果不试图建立起与学生本身的意义，对学生而言，就只能是一个虚幻的问题。而只有在对真实问题的解决中，学生的自主性和创造性的发挥才成为可能。

二、表达和交流的价值——个人观念的产生

杜威认为观念是“在思维中，和已经获得的事实、资料和知识相互关联的事物，是暗示、推论、猜测的意义、假说和试拟的说明。”个人观念的产生是一个创造过程，是从已知进入未知，不断寻找、澄清自我的“发明”的过程。“观念不可能以观念的形式从一个人传给另一个人。当一个人把观念告诉别人时，对听到的人来说，不再是观念，而是另一个已知的事实。”维果茨基在《思维与语言》一书中同样强调：概念的直接教授是不可能的，而且也是没有效果的。一个试图如此做的教师除了空洞的言辞和儿童鹦鹉学舌似的背诵外，一无所成。由此可见，学生个人观念的产生是其以语言为媒介建立世界之意义的重要方式，在学生的个性发展中占据着非常重要的地位。

教学本质上是催生新观念的过程，而不是传递现成知识技能的过程。现今学校的常规状态仍然是“教”与“被教”。这种被动的“知识容器式”的学习观并不能帮助学生形成个人观念。当然，这种状态并不完全忽略学生思维的内在状态，因为教师需要了解这种内部状态，以便能够更为有效地将知识灌输给学生，进而用灌输进去的知识去消除学生内在的不成熟状态。仿佛，儿童的内在状态是一个需要不断纠正、替代的东西，而不是一个能够自我不断成长的“生活体”。维果茨基认为，儿童的科学概念是在“儿童自身艰巨的心理活动的帮助下逐渐发展起来的”，“受变化着的外部条件和内部条件的影响，本质上仍是一个整体过程，不是对抗的冲突和相互排斥的心理形式。”其学习理论被日本学者佐藤学总结为“拷问客体的对象性活动，同伙伴开展沟通的人际关系，构成自我思维的自我内关系。”这就是说，学生只有在对客体的研究活动中，在观念的表达和与同伴的交流对话中，在自我的反思中，个人观念才能得以不断生长，也只有这样，学习才能得以真正发生。

在综合实践活动选题研究中，我们非常重视学生个人问题的表达，重视同学之间、师生之间针对问题产生的交流对话。这种对学生表达能力与交流对话的关注，不在于它的形式本身，而是试图通过在这个过程中各种情境的创设，创造交互性的人际互动关系，促进学生思维的发展，让学生与教师在基于交互主体性的社会沟通中，分享彼此观点，激发个人观念并由此建构出自我与世界的意义来。

三、天然小组的价值——合作精神的产生

综合实践活动的组织形式是多样的，实践中，绝大部分综合实践活动采取小组合作探究的形式。但是形式上的小组不能成为一个真正意义上的合作主体。现实中的小组有时会出现这样的情况，班干部或能力较强的学生成为小组的“控制者”，他们选择主题，制订计划，安排其他同学的工作，被逐渐边缘化的同学则在组织中失去了自己的声音。没有自由平等的交流，没有对不同观念的尊重和分享，也就失去了真正合作的价值。

综合实践活动选题过程中产生的天然小组是基于一个开放的群体对于一个真实问题的平等对话交流的过程中逐渐形成的。在这个过程中，所有人不受控于任何外在的压力，凭借着自己对这个真实问题本身的兴趣，发表自己的观点，在对话中，不断深入对问题的思考，从而激发起探究问题的强烈愿望。天然小组的形成过程是一个多种声音共存，协商、审议、探究的过程。它不仅仅是一种研究组织方式，更是一种社会生活实践方式。正如杜威所说，民主的社会既然否定外部权威的原则，就必须用自愿的倾向和兴趣来替代它，而自愿的倾向和兴趣只有通过教育才能形成。天然小组的产生过程既是学生个性不断发展的过程，同时也是学生社会性逐渐形成的过程。

天然小组中的每一个成员都是研究活动中真实的主体，他们彼此展开的合作探究是主体之间的社会交往过程。个体间的差异性在天然小组中不是排斥、歧视的对象，而是成为彼此尊重、相互学习的宝贵资源，学生在这种既尊重个体差异，又强调合作交往的环境中得到了充分的发展。教师在天然小组中不再以知识拥有者、组织控制者的角色出现，在某种程度上，他更像一个参与到共同活动中的学习者，不必为自己的无知而羞愧，成为探究、对话、合作中的一个重要成员与学生在一起。这样的组织实际上就形成了佐藤学所描绘的“交响乐”式的学习共同体。它的追求不仅仅止于综合实践活动的探究活动，而是期待成为班级、学校，乃至整个社会共同的生活方式。

真实问题、交流与表达、天然小组的形成构成了我们选题研究的三大要素。它们不仅仅是选题活动的核心，同时也是研究活动能够有效进行、综合实践活动价值得以凸显的重要保证。我们将选题过程视为研究过程，通过选题活动，让学生学会研究、学会交流、学会共同生活，使整个选题过程成为开展综合实践活动的突破口。

本章小结

本章关注综合实践活动课程的内容选择。综合实践活动课程的内容范围包括每一个学生置身其中的日常生活、社会生活和职业世界，亦即学生的生活世界。学生的生活世界包括相互渗透的三个方面，即人与自然、人与社会、人与自我，这构成综合实践活动课程的基本内容。综合实践活动课程选题的具体实施过程包括个人研究问题的构思、个人研究问题的表达和交流、研究问题的精致化和天然小组合作团队的形成。综合实践活动课程的选题研究具有重要的价值与意义。

【思考与练习】

结合自身综合实践活动课程的实践经历，谈谈你是如何完成综合实践活动课程选题的。

【推荐阅读】

[美]凯瑟琳·坎普·梅休，等. 杜威学校[M]. 王承绪，等译. 上海：华东师范大学出版社，1991.

第八章
综合实践活动课程的组织形式

综合实践活动以小组合作方式为主，也可以个人单独进行。小组合作范围可以从班级内部，逐步走向跨班级、跨年级、跨学校和跨区域等。要根据实际情况灵活运用各种组织方式。

——《中小学综合实践活动课程指导纲要》

本章所要论及的是综合实践活动的组织形式。综合实践活动的组织形式对综合实践活动的顺利开展有着重要的影响，适合学校、学生特点的组织形式可以促进综合实践活动的参与者取长补短，精诚协作，群策群力实现目标。而不恰当的组织形式则会消磨学生的兴趣，招致学生的反感甚至相互推诿埋怨，无法保证活动的顺利推进。因此，每一所学校在开发综合实践活动前，都应依据各自学校的学生需要、教师特点、文化传统和学校所在社区的时空条件、资源状况、发展需求等要素确定恰当的组织形式。

本专题拟讨论以下六大问题：为什么选择小组合作探究作为综合实践活动的主要组织方式；小组合作探究在实践中有哪些具体的类型；如何建立一个合作探究小组；在小组建立之初，采取哪些建设活动培养小组成员的信任感和巩固与其他组员的关系；如何帮助那些合作情况不好的探究小组；如何对探究小组的合作状况进行评价，以便在反思的基础上改进小组的合作。通过对上述问题的审思和权衡，期望各位教师能够基于所在学校自身的条件和环境对活动组织形式做出正确的选择，对小组合作探究给予正确的引导，以便促进综合实践活动的顺利开展。

第一节　选择小组合作探究作为主要的组织方式

学习提要

小组合作探究作为综合实践活动的组织方式的主要原因在于它是国际教育改革发展的趋势，它是我国课程改革的要求，它是综合实践活动实施的需要。

这个学期，丁老师所在的学校要开展综合实践活动。校长在会上说，这门课要充分尊重学生的兴趣，让学生自由选择主题进行探究，探究的时间安排在课余和周末进行，学期结束的时候会举行一次成果展示会。丁老师回到班里开始发动每个人选择一个主题进行探究。过了几天，班里的仇同学跑来问丁老师："老师，我要研究恐龙的故事，但是我在书上没有找到恐龙的资料，我想上网看看，可我不会怎么办?"丁老师回答说："你可以找找柏同学呀，她上网可在行了!"又过了几天，胡同学也跑来问丁老师："老师，我要画出上学的路，可我总画不好，我想让班上画画很好的李同学帮我，可是她说没时间，她还要做她的课题，你说我怎么办呢?"丁老师一时也想不出办法。这期间，班里的其他同学也跑来问丁老师各种各样的问题，丁老师感到很烦……

合作是人类生存的内在需求。在人的一生中，我们在家庭生活、工作、休闲和社区生活中，都需要与他人合作来实现共同的目标。倘若一个人只顾自身的利益，不懂得合作和双赢，那么他得到的终将是短暂的欢愉；一个有合作精神，懂得取长补短、共同发展的人才可能成为一个成功之人。在社会变革日新月异的今天，合作已逐渐成为一种时代精神和推动社会发展的巨大动力。具体到学校中一门课程的开展，正像情境所展示的，没有合作，综合实践活动的开展将面临一系列问题。

许多学校在开展综合实践活动中，都采取了丁老师所在学校的做法。很明显，我们看到当学生各自在课余时间研究一个主题时，教师并未因此而轻松，个人独立研究一个主题的组织方式虽然对学校传统的教学活动冲击少，但存在的问题亦是鲜明的：第一，由于教师无法与每一位学生一起参与活动，学生的探究活动无法得到教师的有效指导，教师更不可能将学生从事的活动与他们所要学习的内容联系起来，不仅综合实践活动的自身效果无法保证，而且综合实践活动对学科教学和学生学习的促进作用亦大打折扣。第二，个人独立研究一个主题并不能有效促进学生自主性的发展，"自主"是与"依存"合一的体验，正如佐藤学所说："'学习'是以人际交往为基础形成的……'学习'即便是以个体出发又归结为个体，却是在个体与个体的碰撞之中形成的。"会依存他人求得帮助，这本身即是学生自主性的表现。因此"个人独立研究一个主题"只会增长儿童"一切责任由自己承担"的焦虑感和无力感。同时由于缺乏与同伴的交往，这种组织形式对学生社会性的发展也无益。第三，个人独立研究一个主题在一定程度上是违反国家课程计划的行为。学校把学生的探究时间放在课外，无法保证国家课程计划所规定的每周三课时的活动时间，因此运用这种组织形式开展综合实践活动，对学校而言有推卸责任之嫌。

综合实践活动的实施最主要还是以小组合作探究的方式展开。与"个人独立研究一个主题"相比，小组合作研究可以保证活动获得教师的有效指导、促进学生自主性和社会性的双重发展，方便学校落实国家课程计划。不过，从更宏观的角度讲，多数学校之所以采取小组合作探究作为综合实践活动的组织形式，主要是基于以下原因：

首先是国际教育改革发展的趋势。学会合作是时代要求的重要素质，强调合作的学习方式是当前各国教育改革的共同趋势和要求。联合国教科文组织在继《学会生存》之后的另一著名报告《教育——财富蕴藏其中》中把“学会共同生活，以便与他人一道参加人的所有活动并在这些活动中进行合作”看作教育的四个支柱之一，可见交往能力、与他人共事的能力、管理和解决冲突的能力在当今社会越来越重要了。同时，要求学会合作也是对传统学校教育过多强调竞争性的一种反思。

其次是我国课程改革的要求。改变目前过于单一的学习方式，倡导自主、合作、探究的学习方式是本次课程改革的一个极其重要的目标，也是改革的一个突破口。作为新课程的一个重要组成部分，综合实践活动必须承担起学习方式转变的责任。

再次是综合实践活动实施的需要。对于任何一个任务，人们都可以通过三种组织方式来实现：竞争、个体化或合作。每种方式都有其优缺点，每种方式在一定条件下都是有效的。综合实践活动作为学校开设的一门正式课程，一方面，它以学生的经验和生活为核心，面向学生整体的生活世界，活动主题因学生生活的变化而无法固定和预期。另一方面，综合实践活动是国家管理、地方指导和学校开发的课程，在开发过程中强调家庭、学校和社会教育资源的整合，因此不同的学校在不同的地理环境、课程资源和文化处境中必然生发出不同的课程样态。显然，从课程的性质和课程实施与管理的特征来看，综合实践活动不适合采取竞争或个体化的组织方式。因为，如果儿童采取个体化的学习方式，必然会出现丁老师班级那样令人困惑的结果；另外，主题的不同和课程样态的不同，决定了彼此不具有可比性，因此也无法采用竞争的组织方式。小组合作探究因此成为实施综合实践活动的必然要求。

第二节　小组合作探究的类型

学习提要

小组合作探究的类型可分为小组探究一个活动主题、导师制、全班探究一个主题、全校探究一个主题、跨校或跨地区的综合实践活动。

一、小组合作探究的类型

情境一：某中学预备(3)班的综合实践活动

这学期我们预备(3)班全体学生探究的主题是“垃圾食品，请远离我们的生活”，经过大家畅所欲言，很快就确定了下列几个子课题：(1)什么是垃圾食品。(2)垃圾食品的历史。(3)垃圾食品的分类。(4)各种垃圾食品的成分。(5)垃圾食品存在的理由，垃圾食品对人类有哪些危害。(6)目前人们对垃圾食品有怎样的看法。(7)怎样拒绝垃圾食品。而后，大家以自己的兴趣、特长为出发点，以要研究的子课题为依据，以自愿的方式自由组合成了七个研究小组。大组有七个人，小组有四个人。然后各小组选出了小组长，由小组长领导组员对所选子课题进行研究分析，使之内容更具体，更有可研究性。

情境二：美国迈阿密高级中学的服务学习

迈阿密高级中学位于俄克拉荷马州一个很糟糕的有毒废物处理中心附近，几年前，周围的原住民和非原住民学生及社区成员发现社区儿童的血液里铅含量非常高。他们成立了志愿者协会，以引起社区人们对饮水中铅和其他重金属的危害的关注，并着手解决这一可怕的问题。迈阿密高级中学的老师们在班级中开展服务性学习，并与切罗基族部落领袖和环境保护社之类的组织进行协作。生物班学生开展复杂的饮用水检测，从社区收集鱼和植物的样本到学校的实验室进行分析，并与哈佛大学实验室的医学和生物学专家进行协作。语言班的学生主要利用优美的文笔撰写与有毒废物相关的文章、评论和研究报告。计算机科学和新闻班的学生主要负责处理对外公共联系，与公共卫生部门和新闻媒体进行沟通。另外，参加服务性学习的学生还通过开展有毒废物的巡回展出以引起社区成员和公众的注意。

情境三：上海市某中学的跨地区综合实践活动

该校的“青少年的自我保护”课题组试图了解其他国家的青少年开展自我保护的一些措施，他们在指导教师刘老师的带领下，通过互联网搜集了部分信息，并在相关网页上留言或给网页上提供地址的其他国家的学生发E-mail，交流自己的研究作品并咨询相关信息。通过这些途径，他们收到了对此感兴趣的国外教师和学生的反馈，其中甚至有的教师也在带领学生开展相同主题的探究活动。自然，跨地区的合作交流就这样延续下去了。

上述列举的三个情境表明小组合作探究的类型是极其多样的。情境一所显示的是“全班探究一个主题”的合作方式，情境二则是“全校探究一个主题”的合作事例，情境三是跨校或跨地区的综合实践活动的代表。当然，小组合作探究最普遍的类型是把一个班级的学生分为几个小组，而后每一个小组探究一个活动主题。除了这一最普遍的类型，我们可以将小组合作探究的其他类型概括为以下几种：

第一种，导师制。严格地说，导师制是小组合作探究中一种特殊的组织形式，为明晰其特征和作用，此处将其单独列出予以探讨。导师制的具体形式体现为：一组学生在选定某一指导教师后，就由该指导教师长期指导这组学生开展活动，师生之间的指导与被指导关系将贯穿学生学习的整个学段，并不因一个课题的完成而终结。换句话说，导师制类似于研究生阶段的教学指导体制，它是一个固定的教师在一个固定的学段指导一组固定的学生开展综合实践活动的组织形式。

第二种，"全班探究一个主题"的组织形式。该组织形式如情境一所示，通常是一个班级的学生首先确定一个共同的探究主题，然后经过班级研讨确定这一主题的二级子课题，随后整个班级分成几个小组，每一个小组承担一个子课题项目的实施。

第三种，"全校探究一个主题"。如情境二所示，全校探究一个主题指的是先由学校确立一个总的探究主题，再由各个年级、各个班级围绕所确立的总主题组织一系列丰富多彩、形式多样的活动内容，以支撑整个学校综合实践活动的建设。这种组织形式的综合实践活动一般都以一个好的想法或理念开端，然后发展为由全校师生共同参与的一项复杂工程。

第四种，跨校或跨地区的综合实践活动。如情境三所示，跨校或跨地区的综合实践活动通常是运用以互联网为主的多媒体通信技术展开的。通过运用多媒体信息技术，学生们跨越彼此间文化、自然环境的差异，就某项课题共同努力。跨校或跨地区的组织形式与前面所论及的几个组织形式在实施中可能会有所交叉，比如，有的学校是以小组为单位开展跨校或跨地区的探究活动，有的则是整班或整个学校推行跨地区的探究活动，只不过这些组织形式更显著的特色在于能够与那些未能谋面的人"相会"并展开合作探究。

二、小组合作探究类型的优缺点

显然，上述内容表明我们在开展综合实践活动过程中，必须对小组合作探究的类型做出恰当的选择。在做出选择前，很重要的一点是要分清各种合作方式的优缺点，然后根据课题本身的特点以及所在学校、学生和教师的特点来确定所采取的组织形式。

从理论上讲，导师制存在以下优势：第一，由于每个教师会持续地带领一批学生开展研究活动，在长期的交往中，基于教师对学生的充分了解和熟悉，无论是在综合实践活动的教学中还是在学科课程的教学中，教师都能够提供给学生更有针对性的指导。第二，导师制明确了教师指导责任的范围，有助于增强教师指导活动的责任感。同时，由于师生之间更为紧密的联系，教师指导时间与指导方式的灵活性也有所增加。第三，学校推行导师制，可以部分地缓解一直以来困扰综合实践活动开展的师资短缺问题，如果每一位教师都能承担起指导学生开展活动的责任，那么综合实践活动的常态化就有了实现的可能，否则由于部分教师的不堪重负，综合实践活动的开展在很多情况下只会沦为学校的短期行为。第四，导师制能够保证课题的延续性和深入性。导师制允许教师在很长一段时间持续地陪伴学生开展探究活动，因此每一个研究主题都能够获得长期深入的开展，并不会因学期的结束或教师的更迭浅尝辄止，甚至半途而废。如果说导师制存在什么问题的话，以下几个方面的问题需要提请教师注意：第一，由于活动过程的交往范围限于导师与固定的学生之间，一个教师所带领的学生与另一个教师所带领的学生之间容易因缺乏交流而疏离，这需要教师提供合作交流的机会和场景，使学生之间加强沟通，互相启发，互相促进。第二，导师制也会抑制和淡化教师之间的人际交往。教师在指导活动中的各负其责也容易导致教师之间缺乏沟通，因此选择固定的时间用于教师的研讨与交流对学校而言是制度建设的一项重要任务。第三，伴随着学生的不断成长，导师制也可能会对学生的发展产生限制，比如在活动中生成新的研究兴趣的学生可能无法根据个人的意愿转向新的活动意向，或者学生们不得不忍受导师固有的指导风格已无法适应自己新的需求的现实状况等。

"全班探究一个主题"的组织形式，首先，能够拓展探究主题的范围，促进活动形式的多样化，使探究活动具有更广泛的影响力。其次，全班共享一个探究主题，能够充分凝聚班级力量，融洽班级氛围，凸显班级特色，对班级文化建设大有裨益。再次，每个班级可以安排一名指导教师开展活动，能够充分节省师资，促进综合实践活动的常态化开展。最后，这种组织形式与传统的班级授课制形式类似，学校不需要花费很多心力用于综合实践活动开展中的协调工作，因此这也是能促进其常态化开展的重要因素之一。不过，"全班探究一个主题"也存在弊端，最大的问题是对学生活动的指导力度不够，无法兼顾每一位学生，部分学生的意见、创意或心声无法为教师所了解，在个人观念得不到关注的情况下，学生探究的积极性和热情会有所降低。而要能够有所改进，则需教师全情投入并对活动的发展有极高的预见性，在当前的师资条件下，这样的要求对教师而言实在是强人所难了。

"全校探究一个主题"这一组织形式的特点是：第一，这种组织形式从学校的角度出发，以更为宏大的视角整体地设计课程内容，因此更容易使综合实践活动的课程内容呈现系列化和系统化。第二，全校师生围绕一个主题用力，更容易形成学校特色，体现学校文化的追求与风格。第三，以学校的名义可以充分调动学校、家庭和社区人员参与综合实践活动建设，开发和利用社区的各类资源，获得社会各界多方面的支持，为活动的开展创造良好的外部氛围。第四，"全校探究一个主题"为校内与校外人员之间、各年级教师之间以及各学科教师之间的交流增加了话题，有利于形成一体化的教师合作指导体制，进而满足学生多样化的学习需要。以上几个特点主要反映了"全校探究一个主题"这一组织形式对综合实践活动课程建设的促进作用。除此之外，运用这种组织形式开展综合实践活动也会面临问题，最大的问题就是无法保证所设定的主题与学生自然的需要和兴趣相适应，而植根于生活的综合实践活动课程应首先尊重人的自然需要和兴趣，因为这是人探究的好奇心的"第一本原"。综合实践活动课程当然不否认人为的需要和兴趣，但强调将其与自然的需要和兴趣结合起来。尽管"全校探究一个主题"提供了多种类型的活动供学生选择，但选择的多样并不代表选择的自由，学生最终也只能是在一个限定的范围内寻找自我兴趣的附着点，至于最终能否找到自己真正感兴趣并且满足自己需要的活动内容仍是不确定的。

跨校跨地区的综合实践活动的教育含义包括：(1)有助于增加拥有多种背景与技能的朋友；(2)有助于借助比较思考，形成全球视野；(3)有助于形成对他人与多元文化的宽容；(4)有助于充满实感地发现多元文化与地区特征；(5)有助于了解并且发展本国文化与自己的长处；(6)有助于修正同异国文化的差异和自己的短处；(7)有助于积极从事探究活动与表达活动；(8)有助于针对他人的特点，推敲探究与表达方式；(9)有助于形成人际关系的态度与伦理；(10)有助于从事激活文化差异的共同制作和共同上演。实施跨校跨地区的综合实践活动对学校、教师以及学生提出了诸多挑战，比如：第一，只有学校的电脑、网络等硬件设施齐备、品质优良，才可能实现活动的正常开展；第二，教师必须掌握一定的网络技术，才可能给予学生有效的指导；第三，由于网络极具吸引力，学生的兴趣和关注点随时可能会发生转移，因此教师必须时刻注意采取措施维持学生的探究兴趣，避免学生沉湎于网络上纯粹的娱乐活动；第四，与国外合作伙伴交流的成效受制于师生的外语水平，因此，没有一定的外语水平，将无法保证研究活动获得深入开展。

需要说明的是，在综合实践活动的开发中，各学校也可将多种多样的组织形式综合运用，以满足学生多样化的学习需求，在多层次、多渠道的交往环境中发展健全的个性品质。

第三节　合作探究小组的建立

学习提要

1. 在合作小组的建立过程中，教师必须深入分析和思考小组的组成性质、组队方式以及与选题的关系等问题，才能做出正确的引导。

2. 合作小组的建立方式大致有三类：就分组的性质而言，有同质分组和异质分组两种形式；按照组队方式的不同，小组合作研究可以划分为教师指派与学生自愿；从与选题的关系角度讲，一种是选题在前组队在后，另一种是组队在前选题在后。

在三年级的综合实践活动课上，学生们正忙着自由组合成小组，讨论自己的选题。这时，一阵哭声引起了全班的注意，一位同学非常委屈地对老师说："同学们都不选我。"这个孩子学习成绩差，日常行为也不好，所以大家都不愿与他合作。从他期待的眼神中可以看出他急切地需要老师的帮忙。于是，老师让同学们想一想，如果自己被拒绝会是什么感受？沉默了一会儿，有一个小组的学生说，他们愿意接纳这位同学为他们的小组成员。于是这位同学加入了他们的小组，在随后的活动中，老师发现该同学表现得异常认真，在活动过程中也很出色。

探究小组的建立在实践操作中是极为复杂的。如情境所示，虽然通过老师的努力，最开始被所有小组拒绝的同学最终加入了一个小组。但是，可以看到，如果让学生自由组合后再选题，有些孩子可能被排斥，不能加入活动小组。而如果让教师来指派，把学生分成几个小组，则又会面临下列一些问题：由于小组成员之间缺乏基本的认同，彼此很难有效地合作；某些性格孤僻或极为自信的学生不喜欢与别人合作；等等。教师需要运用自己的智慧，引导学生组成群策群力、和谐干练的小组。比如，对于那些由于个人的某种缺陷，希望与人合作但找不到伙伴的孩子，教师要格外给予关心，帮助他们找到合作伙伴，动员小组同学一起帮助他，同时激发他在小组合作中认识和改变自己的缺点。而对于那些性格孤僻的学生，如果他们对合作非常抵触，教师则可以扮演一个合作研究者的角色，与他一起探究课题，并在共同的探究过程中，启发他体验与人合作的快乐和优势，从而逐渐接纳与人合作的状态，并喜欢与人合作。对于那些极为自信甚至盲目自大而拒绝合作的学生，教师则不必给予过多的干预，采用“自然后果法”，让学生自己反思个体化活动与合作的差距，在下一轮活动中做出恰当的选择就可以了。总之，组织形式的确立需要教师根据不同的情况灵活解决。

合作小组的建立方式对综合实践活动的开展将产生不同的影响。在合作小组的建立过程中，教师必须深入分析和思考小组的组成性质、组队方式以及与选题的关系等问题，才能做出正确的引导。

就分组的性质而言，有同质分组和异质分组两种形式。异质分组是依学生不同的学习能力、性别、种族及社会经济背景等将学生分配到不同的小组中，彼此互相指导、互相学习。倘若把具有相同学习能力、性别、种族及社会经济背景的学生分配到相同的小组中，则是同质分组。综合实践活动提倡采取异质分组的方法划分各研究小组，不仅在于异质分组方法本身能够提供给学生更多的机会认识不同的学习对象，听取不同看法、分享彼此的经验，彼此相携，在合作共进中达成活动目标。更重要的是因为：第一，异质分组是合作学习的特征之一，合作学习团体与传统学习团体的第一个区别就在于前者是异质分组，而后者则是同质分组或随意分组；第二，综合实践活动是规划、设计、制作、表达、创造等多种活动形式的融合，每一项研究活动都需要小组成员具备多方面的才干，具有不同背景、能力、特长的学生所组成的团体更有助于保障活动的顺利开展。当然，有人会批评异质分组往往导致综合实践活动中的“搭便车”现象（一部分人做，另一部分人坐享其成）和精英主义倾向（言说、决策权利始终被小组中的优秀分子控制，其他同学感到自己无足轻重），但这些通过组内的合理分工是能够解决的。综合实践活动中的异质分组又可分为两类:一类是班级内的异质分组,一类是跨班级甚至跨年级的异质分组。两者各有利弊。班级内的异质分组在同龄孩子人际关系的形成方面能够起到一定的促进作用,指导教师也能够较快熟悉各小组成员的个性特点,活动的开展对学校现有的授课安排、指导体制冲击不大。而跨班级甚至跨年级的异质分组则有助于超越班级、年级的界限,促进不同班级、不同年级学生之间的交往和社会性的形成,为培养学生的合作技巧、团队精神提供更为广阔的实习场。在教师指导方面,由于要面对来自不同班级和年级的学生,指导教师与小组成员要经历一段熟悉期。再者,跨班级甚至跨年级的异质分组将使学校传统的水平组织的教学体制转变为垂直组织的教学体制,这对学校而言是具有根本性的变革举措,将起到"牵一发而动全身"的作用,从而有助于催生学校的新气象和新面貌。

按照组队方式的不同,小组合作研究可以简单地划分为两类:教师指派与学生自愿。教师指派研究小组对教师有极高的要求,教师不仅要了解每一个学生的个性,充分考虑异质分组的原则,而且要参考学生的研究兴趣,把具有相同或相近研究兴趣的学生分为一组。如果不考虑上述前提,只是随意地把学生分成小组,合作研究的效果不堪设想。即便考虑了上述条件,教师指派的小组部分成员之间仍有可能因缺乏彼此认同而无法相互接纳,以致在今后的合作中容易发生磕磕绊绊,造成不和谐的现象。此外,教师指派的小组在充分开展活动之前,还需经历一段相当长的磨合期才能实现良性互动的局面。显然,教师指派研究小组的困难和问题是鲜明的。学生自愿组成研究小组则会有所不同。由于出自自愿,小组成员之间更容易形成浮沉与共、休戚相关的积极互赖关系,每个小组成员也更勇于承担个人的责任,乐于为小组贡献自己的力量。然而,自愿组队也非一劳永逸,在开始时,确实有可能出现"组内同质"的现象,当此之时,也需要教师提醒学生有意识地选择和自己具有不同背景和特长的学生组成一组,以便保证小组建成之后的分工与合作。

从与选题的关系角度讲,小组合作研究也有不同的形式。一种是选题在前,组队在后。另一种是组队在前,选题在后。前者通常的做法是先让学生在一定范围内自由选题,而后把相同或相近的选题合并,最后把具有相同研究兴趣的学生分为一组,使其承担相应的选题。毫无疑问,按照研究兴趣相同的原则组队,看上去有利于保证小组成员的研究兴趣和研究热情,从而长久地维持研究活动。不过,仅有共同的研究兴趣还远远不够,正如上述教师指派的研究小组一样,这种形式无法保证组员之间的心理认同和情感接纳,甚至一开始所具有的共同研究兴趣也因组员之间的互不认同出现分化和改弦易辙的状况,研究活动能否长久维持尚处于不确定状态。"组队在前,选题在后"的通常做法是先规定小组的数量,比如将一个班级分为四个小组,然后让学生自由选择加入一组,最后由小组协商,确定选题。这种形式有助于克服"选题在前,组队在后"的弊端,因此值得倡导。不过,需要说明的是,这种形式在选题环节,需要长时间的审议过程才可能使小组成员达成共识,因此切不可操之过急。

第四节　探究小组建设的方法

学习提要

小组建设的方法包括组织活动加强小组成员的相互了解、建立基本的小组合作规范、要求学生掌握必要的社交技能、帮助小组进行合理分工、引导小组对自身的合作情况进行反思、建立合作的教师指导小组。

一天，我刚吃过午饭，吴同学就急匆匆地冲进了办公室，很委屈地对我说道："老师，我不当小组长了！"我猜想她肯定遇到困难了，先看情况怎样再说。我就问道："先别急，给老师说说怎么了。"她噘着嘴说："我这小组长根本没有办法当了。前天题目确定下来后，我们已经讨论过两次了，可是根本没有用，每个人都认为自己说的最好，根本就不听我说的，到现在还不知道接下来到底该做什么了。"哦，原来是工作没有进展，大家没有协调好，我就问："大家都有自己的看法，你不高兴了？"她想了想说："不是不高兴，而是想法太多了，都认为自己的好，也不听我的。"我就安慰她说："想法多了说明大家都思考过了，这是好事啊，你做组长的应该高兴才对啊。你说他们不听你的，那你认为你的想法怎么样，是不是就比他们的好呢？"她说："我觉得我的还不错，因为我动脑筋了啊。但是我也不能说我的就最好了，大家都只顾着说出自己的想法，还没仔细听到底都说了什么呢。"我暗自高兴，问题出来了："你是动脑筋了，其他人肯定也是动了一番脑筋的，他们的心情肯定跟你差不多，都觉得自己的不错。就像你所说的，大家只顾说自己的了，还没仔细听都说了什么呢。那你觉得是否一定要按照你的来做呢？"她若有所悟的样子："我们应该先仔细听听大家提供的方案再来做决定。"我高兴地说："不错，就是这样。我们一个小组就像一个球队一样，大家都有不同的位置和想法，你做组长的不是说要他们一切听从你的，而是在争执不下时能够带领大家做好协调，所以说你的作用照样很大呢，大家都很信任你啊。小组长真的不想当了？"她不好意思地笑了："还当组长，我知道怎么做了。"

从上述案例中我们可以看到，小组长在"我"的不断引导下，最终放弃了辞职的想法。可见，小组的建立并非意味着综合实践活动可以完全转入对其他环节的关注。事实上，小组建设的问题贯穿整个活动的始终。从小组刚刚组建开始，团队建设便成为一个十分重要和关键的问题。因此在小组建立之初，抽出一段时间专门进行小组建设非但不会影响课题研究的进程，而且还会使小组在其后的研究中更加顺利。探究活动前的小组建设并非一劳永逸之举。随着活动的开展，我们可能还会面临其他各种各样的问题，比如小组分工时挑三拣四；合作时瞧不起学习困难的同学；出现困难时相互指责、埋怨、推诿；讨论时只关注自己的发言机会，不会聆听别人的发言；等等，这都表明学生还缺乏合作意识和合作技能。在综合实践活动的开展中，我们需要采取一系列举措，增强小组的团队意识和人际互信，使小组成员之间能够真正地对话，并真诚地投入探究。

探究小组的建设问题值得关注。我们有许多方法来帮助学生形成一个团结的集体。例如，我们可以容忍小组短时间的聊天，毕竟这样的聊天有助于创造一种轻松的、信任的环境。概括而言，在建设和加强小组的团队意识时，教师可以采取下列一些方法。

一是组织活动加强小组成员的相互了解。可以通过一些游戏或一些需要共同完成的任务来增强组员的团队意识和增进相互之间的友谊。每个学生都有一种归属的需要，一些共同的活动可以使组员彼此加深了解，促进人际互信，并且获得“自己是某个小组中的一员”这样的体验。

二是建立基本的小组合作规范。在充分交流的基础上，教师应要求小组成员建立基本的合作规范。首先应征得绝大部分成员的同意，而且规范不宜太细，只需对小组合作中最基本的问题进行规定和说明，比如在组员发生争执时该如何处置，怎样提供小组成员申辩的机会等。规范一旦确定，教师就应该监督小组各成员认真执行，对违反规定的成员进行批评和纠正，确保规范的严肃性。

三是要求学生掌握必要的社交技能。在合作学习中，学生要掌握三种基本类型的社交技能：一是组成小组的技能，包括向他人打招呼问候、介绍自己、介绍别人等；二是小组活动的技能，如表达感谢、对别人感谢的回应、注意倾听别人谈话、鼓励他人参与、用幽默活跃气氛等；三是交流思想的技能，包括提建议、对别人建议的应答、询问原因、说明原因、有礼貌地表示不赞同、对别人不赞同意见的应答、说服他人等。

四是帮助小组进行合理分工。有合作就意味着有分工，组员之间分工的合理程度直接关系到小组合作的质量。组员的分工，主要包括两个方面：课题分工和角色分工。课题分工是指每个组员都承担一部分相对独立的课题工作，让每个成员都有机会和责任真正参与课题研究，这是小组进行合作的一个重要前提。角色分工是指每个组员都要承担一个角色，以支持组内活动的顺利开展。一般说来，每个小组都应该具备以下一些具体角色：组长，负责整个小组工作的协调和安排；记录员，记录每次讨论的纪要以及每次活动组员出席等情况；资料管理员，负责组内相关资料的管理；报告员，负责小组活动和成果的汇报；信息技术员，负责电脑等工具技术的支持；等等。组内分工要求各展所长，又密切配合。随着活动中同学之间相互了解的增多和合作经验的增加，教师要逐渐强化学生小组的自我管理。

五是引导小组对自身的合作情况进行反思。小组反思是指小组在合作的过程中，定期或不定期地把所有组的成员集中起来，专门对小组成员在研究合作中的各种表现进行反思的一种活动。小组反思或小组自评能够为小组的合作提供有益的反馈，是合作学习的一个关键成分,也是合作小组建设中必不可少的组织活动。教师在组织反思活动时,可以通过填写问卷或召开座谈会等方式让学生开诚布公地讲述小组成员间的合作状况。比如哪些成员的合作行为比较好,为什么?哪些行为是不妥的,为什么?谁的工作对你有很大的帮助?这段时间小组合作开展得怎么样?为什么会这样?期望的小组合作学习应该是什么样?接下去应该怎么做?等等,任何跟合作学习有关的问题都可以也应该在团体反思中进行讨论和交流。

六是建立合作的教师指导小组。几乎所有有关合作学习的研究都指出,为了学生更好地合作,教师之间也应该进行教学合作。在综合实践活动中也一样,为了更好地促进学生小组合作研究,教师应该摒弃传统的个人主义观念,进行相互合作,建立合作的教师指导小组。促进教师之间的合作是学校整个合作文化建设的关键。研究表明,学生在一个具有浓郁合作文化氛围的学校里更容易学会合作。另外,教师之间的合作也有利于教师对合作学习的意义及容易出现的问题有更深刻的体验。许多教师在实践中之所以对学生团队建设关注不够或者指导不力,很重要的一个原因就是他们自身对合作缺乏基本的体验。建立合作的教师指导小组还可以更好地指导学生进行课题研究。在综合实践活动中,学生所探究的问题极具综合性,内容涉及各个知识领域。所以,合作的教师指导小组有利于资源共享,最大限度地为学生提供各方面的帮助。

本章小结

综合实践活动课程的组织方式以小组合作探究方式为主。小组合作探究的类型可分为小组探究一个活动主题、导师制、全班探究一个主题、全校探究一个主题、跨校或跨地区的综合实践活动。在合作小组的建立过程中,教师必须深入分析和思考小组的组成性质、组队方式以及与选题的关系等问题,才能做出正确的引导。

【思考与练习】

请结合自身实践经历谈谈你是如何组织学生进行分组合作探究的。

【推荐阅读】

联合国教科文组织.教育——财富蕴藏其中[M].2版.联合国教科文组织总部中文科,译.北京:教育科学出版社,2014.

第九章
综合实践活动课程的评价方式

综合实践活动情况是学生综合素质评价的重要内容。各学校和教师要以促进学生综合素质持续发展为目的设计与实施综合实践活动评价。要坚持评价的方向性、指导性、客观性、公正性等原则。

——《中小学综合实践活动课程指导纲要》

本章主要从为什么评价、评价什么、谁来评价以及怎么评价这四个问题入手来讨论综合实践活动课程的评价问题。概括而言，评价是为了发展和改善；评价的主要内容是学生参与态度、探究方法和能力、合作精神和意识等；评价者应包括指导教师、家长和学生等，其中学生自评和相互评价尤应重视；评价方式主要是即时的口头评价、档案袋评价等质性评价方式，提倡老师与学生一起进行描述性评价。若换种方式来概括本章所提出的问题情境、所论述的内容的话，可以这么说，综合实践活动课程旨在培养学生的实践能力和创新精神，而实践能力和创新精神不是顷刻即成的东西，对于学生而言更多是一个渐进的过程，一种思维和行事的理念和态度。所以与其说实践能力和创新精神在学生身上的体现和表征是有形的物化的作品，毋宁说是一个个精彩观念的萌芽和诞生。综合实践活动课程中学生评价是融入日常探究活动中的细节和行为，不是最后阶段才做的总结工作，是对学生的创造和思想的倾听、理解、引导、欣赏、等待和研究。唯有如此，教师的职业灵性才能保持鲜活，学生思维的花朵才能绚烂绽放，师生在相互依存、相互成全的探究之旅和成长之旅中才能携手走得更稳、更远。

第一节　为何评价——裁定还是改善？

学习提要

综合实践活动的学生评价可简单概括为对学生在综合实践活动开展过程中的表现、进展和变化进行观察、描述、分析、解释的过程。综合实践活动课程评价的主要特征和关键词是:发展和改善、反思、多元和整体。

还记得小学课本上一篇名为《第三只小板凳》的文章,说爱因斯坦读小学的时候,一次上劳作课,同学们都交上了自己的作品——泥鸭、布娃娃等,唯独爱因斯坦没有交,直到第二天,他送去一只做得很粗陋的小板凳。老师看了很不满意,说:“我想,世上不会有比这更坏的小板凳了……”爱因斯坦回答说:“有的。”他从课桌下面拿出两只小板凳,举起左手说:“这是我第一次做的。”又举起右手说:“这是第二次做的……刚才交的,是我第三次做的。虽然它还不够使人满意,但总比这两只强一些。”

小时候学习这篇文章时觉得爱因斯坦真够胆大、真够有信心的,老师已经批评你做得不好了,还敢拿出第一个和第二个小板凳来说明自己的努力和进步,现在回过头来再看这个故事时,自己的关注点已经转移到教师对爱因斯坦作品的反应上来,会觉得教师怎么会用这样让人泄气的语言来打击爱因斯坦呢。

这个让人难忘而且引人深思的故事片段提醒我们思考评价究竟是为了什么?也即,评价目的是什么?

传统评价的主要目的在于为学校选拔最好的学生,由于教育资源尤其是优质教育资源紧缺,评价被当作教育资源分配的主要根据,其主要功能就是分类鉴定,进行选拔和淘汰,以使“最好的学生”能享受到最好的教育,也就是选拔适合于教育的儿童。客观现实决定了评价的这种分类鉴定功能在一定时期内都有它存在的理由。但人们愈发认识到若把评价的功能和目的仅限于此的话,是无法为学生的良好成长和发展服务的。因为人的发展是一个动态和持续的过程,不可由几次内容单一的考试来盖棺定论。尤其是对于培养学生创新精神和实践能力之重要载体的综合实践活动课程而言,评价主要是为了学生的发展,我们应注重发展性评价,注重评价的诊断、激励、导向和促进功能,发现师生教育教学活动和行为的意义和价值,并及时发现和解决问题,提高教育教学的质量。

评价是综合实践活动课程的重要部分,明确评价目的与功能,建立正确的评价观,对于综合实践活动的顺利开展非常重要。学生和教师很多时候已经习惯了成绩有好坏、答案有对错的评价定式,可能对于这种要求学生主动提出研究问题、自主探究和解决问题、相互合作与分享的课程模式很不适应,如何在评价中倡导这种自主、探究、合作的理念和目的成为课程开始之前就要思考的问题。如果我们能够想办法发挥评价的激励作用,调动学生参与的热情与创造性,学生能够感觉到被尊重、被爱护,那么综合实践活动良性实施所必需的探究和开放氛围才能够形成,学生创新能力和实践能力就可以得到培养和锻炼。如此一来,各位学生在探究过程中才能找到真正的自我,才敢于发出自己的声音,才能够像爱因斯坦那样即使别人有否定有质疑也能够坚持自己的探寻和改进,其实这种勇气和精神也是我们教师所需要的,需要包容学生对权威的质疑、鼓励学生大胆设想和动手、鼓励学生对同伴的支持与合作,而这正是综合实践活动评价的主旨所在。

评价有着悠久的历史，又有着短暂的过去。自教育伴随人类诞生之日起，人们就不间断地检视并试图改进教育的内容和效果。当前，许多国家都正以各种各样的形式检讨着教育评价的基本方式，试图通过评价的改革来达到改革教育现状的目的。有学者根据“教育人格化”的思想，提出了下述几个期待出现的演变趋势：从惩罚性考试转向激发学生不断成长与学习的评价；从笔试评价转向在以观察为重点的同时，又能利用多种方法的评价；从记忆中心的评价转向以创造性和问题意识为重点的评价；从课程结束时进行考试的评价转向连续的合作的评价；从仅测定狭隘范围能力的评价转向对认知的、情意的、运动技能的各种能力进行广泛综合测定的自我评价。李雁冰博士在她的《课程评价论》中也提出了新的课程评价观——以质性评定统整、取代量化评价；评定的功能由侧重甄别转向侧重发展；既重视学生在评定中的个性化反应方式，又倡导让学生在评定中学会合作；强调评价问题的真实性、情境性；评定不仅重视学生解决问题的结论，而且重视得出结论的过程。

综观当前多种评价的理念和追求，我们可以看出总体上评价存在这样一种发展趋势：评定方式——多元并举；评定内容——多元智能；评价与课程教学——走向统整。关于综合实践活动学生评价的界定，目前还没有定论。笔者认为，综合实践活动的学生评价可简单概括为对学生在综合实践活动开展过程中的表现、进展和变化进行观察、描述、分析、解释的过程。这里的评价主要不是关注学生所习得的能力（learned abilities），而更关注学生的学习能力（learning abilities）；不是要对学生的活动结果做出或肯定或否定的判断，而要揭示学生在活动过程中的体验和表现以及他们是如何解决问题的。综合实践活动课程是在克服我国基础教育若干弊端的形势下应运而生的，同时也顺应了整个世界教育改革的浪潮，故而其评价理念在总体上也与国际评价思潮不谋而合。评价应成为一种反馈，应有助于使学生成为成功的学习者，应有助于我们把对学生学习和表现的期望传达给学生，使学生获得关于什么东西有价值的信息，使学生树立个人的学业期望，把必需的知识、技能和态度内化，促进自我认识，意识到自己是学习的主人。概括而言，综合实践活动课程评价的主要特征和关键词是：发展和改善、反思、多元和整体。

第二节　评价什么——正确性还是恰当性？

学习提要

1. 在综合实践活动中，评价的内容更多关注活动过程中学生的情感体验、参与程度、合作意识、反思能力等非智力因素的发展。

2. 评价内容包括三个方面：学生参与活动的态度、学生的创新精神和实践能力的发展状况、学生对学习方法和研究方法的掌握情况。

在一节探究课上，“追星现象”探究小组分析了问卷调查结果后，打算为大家推荐几部不错的片子，一男生推荐《阿信》，认为片子虽老但反映的坚强执着等精神值得学习，另一男生表示反对，说：“不行，阿信太容易满足了，有一个小窝棚住就满足得不行……”话还没讲完，指导教师就打断了他，说：“你想法有问题！”并示意推荐《阿信》的男生继续讲。

指导教师的激烈反应令人吃惊，学生的意思还没有表达清楚就被断然否定，我不禁想起了一个故事。著名的主持人在采访一名小朋友。主持人问：“你长大了想干什么？”小朋友天真地回答：“我要当飞行员！”主持人接着问：“如果有一天，你的飞机飞到太平洋上空，所有引擎都熄火了，你会怎么办？”小朋友想了想：“我会先告诉坐在飞机上的人绑好安全带，然后我挂上我的降落伞跳出去。”现场的观众笑得东倒西歪。主持人继续注视着这孩子。摄像机的镜头更是给了他一个特写。忽然，孩子的两行热泪夺眶而出。主持人问：“为什么要这么做？”小孩说：“我要去拿燃料，我还要回来！我还要回来！！”

在孩子天真而诚挚的思想面前，我们自以为是的嘲笑和武断那么愚蠢和肤浅。我们固执而偏激地相信自己的判断，不会耐心倾听学生的真实声音，而是用自己的前见断章取义地误解学生的思想，知道真相时又后悔莫及，而我们自己也经常同样被误解，大家都深陷这样简单低级的恶性循环而不能自拔。更何况很多时候我们成人的想法未必比学生更有道理。比如前面情境中老师的反应就折射出一种成见——对于某种价值观或品质应当是礼赞和颂扬的，而不应该怀疑。在这样的权威思想和定势思想的统治下，表面上看有多个主体在场，但每个主体的真实声音并不能通畅地发出，即使发出了自己的声音，也未必能够得到真正理解。因为在这样的环境里，“真实”与“真诚”很可能要让位于“正确”和“合乎传统”。

除非在涉及大是大非的问题上，教师应该尽量少做或不做价值评判，或者至少让学生能够把自己真实想法充分表达清楚，因为正是在表达的过程中学生自己的价值观念能够得到梳理和外显。大家都熟知的反而见怪不怪的一个现象就是每个正常的儿童在幼年时总是充满好奇心和探究精神，会有无穷的精力问出无数个千奇百怪难倒成人的问题，然而在进入学校之后，初期还比较喜欢举手发言的学生，通常随着年级的升高反而愈加沉默，任凭老师不断启发，不得已时才做出回应。一种原因就是孩子在成长过程中此类经验不断出现，以至于他在开口说话前下意识地要设想成人尤其是老师可能会出现的反应，长此以往他习惯了以别人的风格来引导自己的思想和表达，逐渐失语。

一个好的教师能够倾听学生“甚至尚未发出之声音——这样有一天学生才会能够真

实而又自信地说话。倾听学生尚未发出的声音意味着不断地宽容他人，关注他人，尊重他人；意味着不能匆忙地用我们可怕的言语去填塞学生的沉默，并且不要迫使他们说我们想听的话，意味着充满深情地走入学生的世界，以便他或她把你看成是能一直倾听他人真话的言而有信者”。在这种真正的倾听中，双方的心灵都得到惠顾和滋养。

在传统教育中，对学生的评价内容主要局限于认知领域，主要关注学生的学业成绩，并以分数来表征，分数高低成了衡量学生甚至教师成功与否的主要甚至唯一标准。即使对学生品德方面的评价，也常常是冷冰冰的程式化的套话，如“该生团结同学，乐于助人……”，根本起不到评鉴激励学生的作用。那么一些大家公认的“品学兼优”的学生存在不少心理问题，甚至做出极端的举动也就不太令人震惊了。对分数的膜拜，使师生尊崇知识的记忆和掌握，于是“题海战术”“填鸭式”教学方法长盛不衰。学生可能熟练掌握某类知识，但沉重的负担压抑了学生的探究欲望，其思维、情感、体验、实践能力得不到应有的发展。加德纳把传统的注重语言和数理逻辑智能的教育称为“唯一机会的教育”，并说“唯一机会的教学方法造成许多儿童失去自信，认为自己不是读书的料”。这样，在反反复复的强化中，儿童就陷入自卑的阴影，享受不到成功的快乐。

评价内容有很大的导向作用，会使学生不自觉地追随我们所关注的方面。所以我们应该有意识地使评价能够激发学生对探究内容或课题的内在兴趣和思考，而不强调以外在的约束和限制来规范他们。在综合实践活动中，评价的内容不强调知识的熟练掌握，而更多关注活动过程中学生的情感体验、参与程度、合作意识、反思能力等非智力因素的发展，因为这些因素才真正是构成人健康成长和持续发展的基石。评价应引导学生对社会问题的追问抱有浓郁的人文关怀，对科学问题的探究怀着严谨的科学精神。评价应关注学生的学习能力、态度、情感、创新精神和实践能力等方面，在全面了解学生的基础上，对学生进行有效的指导，使评价真正起到促进学生发展的目的。

“感恩”小组指导教师徐老师在案例中记下了他们小组的活动：

第二个星期，又是探究课活动时间，我和15个孩子围坐在一起交流上一星期家务劳动的感想。小苏同学说：“我在这一个星期里做的家务是为父母倒垃圾，每天早晨出门时我把垃圾带下来扔掉。”我问他：“为什么会选择这项家务来完成？”被我一问，小苏的脸微微有些泛红，他不好意思地支吾着说：“因为我想来想去，只有这个活最简单，又不费力。”我看了看其他孩子，又问：“有多少人选择了倒垃圾这项家务活？”孩子们你看看我，我看看你，一阵沉默之后，有7个孩子陆陆续续地举起了手。我看着这一只只小手，感到有些难言的语塞。突然，小潘同学打破了教室里的沉默：“老师，让我来说说吧，虽然这个星期里我不是每天都做家务，但是星期六这一天，我可为爸爸妈妈做了许多家务活呢！早晨，爸爸妈妈还在睡觉，我便偷偷地起床了。我出门去为他们买早饭，买了两份煎饼。”“那你吃什么呢？”小杨同学插嘴道。“我吃泡饭。”小杨似乎有些不相信地瞅瞅了他。小潘继续得意扬扬地说道：“我还买了菜，中午买了鱼和冬笋，晚上买了一块肉，烧红烧肉，还买了六个大闸蟹，外加番茄和鸡蛋，对了，还有，还有草莓，都是好吃的。”说完，还舔了舔嘴唇。“那，这些菜都是你烧的？”小顾仰起脖子，疑惑地问道。“红烧肉是妈妈教我的，其余都是我烧的，爸爸妈妈直夸我烧的好吃，吃晚饭后碗也是我洗的呢。”小潘拍拍胸脯，神气地说道。教室里开始有了些窃窃私语，我故意问道：“小潘，说说你是如何烧番茄蛋汤的？”小潘一愣，继而说道：“把番茄和蛋一块儿扔进去就可以了。”“蛋要打吗？”小潘怯怯地瞅了瞅我，不太肯定地说道：“不用吧。”同学们顿时哈哈大笑起来，小潘的脸就像那熟透的番茄一般红，他不好意思地低下了头。我轻轻地问他：“你为什么要说谎呢？”小潘涨红着脸，吞吞吐吐地说：“我想受到老师的表扬。”

徐老师反思道：我猛然发现真正的探究和体验比我想象的要难得多，要开展一个个的活动也许并不困难，但是如何唤醒孩子们内心深处的那份真诚，真正地让他们懂得珍惜与付出却是一项具有挑战性的任务，如果能够做到，我想那将是我们最大的成功。我也将为此不懈地努力。的确，课题的真正价值和意义，孩子内心真实的情感体验，应该成为我们评价时需要关注的内容。

综合实践活动课程目标中知识目标不是核心目标，它强调学生在实践中获得对自然、对社会、对自我的认识和经验，绝不是为了追求系统化、体系化的书本知识。过程与方法、情感态度价值观均是核心目标，强调让学生在亲历实践学习的过程中掌握方法，获取积极的人生体验和丰富的经验。而这些，靠灌输、讲授等接受性教学方式是无法获取的，只能在自主实践当中让学生逐步自主生成获得。所以，评价综合实践活动质量的高低，评价学生的发展状况，也绝不应该把书本知识、技能的掌握当作考查指标，而应当重视学生在实践过程中的态度、兴趣、情感以及解决问题的方法、各种实践表现，通过肯定他们的活动价值来营造体验成功的情境。

一般来说，评价内容包括三个方面：第一，学生参与活动的态度，这可以从一些外显的行为看出。第二，学生的创新精神和实践能力的发展状况，要引导学生自己跟自己比，只要有点滴进步，老师就应当及时给予鼓励和充分肯定，使得评价起到激励的效果。第三，评价学生对学习方法和研究方法的掌握情况。它主要指评价学生查阅资料、实地观察记录、调查研究、运用工具、交往与表达等实践活动水平。另外，在不同的实践活动中，在同一次活动的不同阶段，对学生的评价项目均不应该求全，可根据主题的不同特点设立不同的评价要点，甚至可以尝试让学生自己选择评价项目。例如，在课题研究领域，可以评价学生从发现问题到分析问题、解决问题全程中所显示出的探究精神和实际操作能力；在社会实践和社会服务活动中，可以考察学生的服务态度、主人翁精神等；在活动的起始阶段，可以评价学生主动提出活动设想、建议的积极性和工作质量；在活动的结束阶段可以评价学生在小组及班级活动中的合作态度、行为表现，如是否乐于帮助同学、主动与他人配合、认真接受他人意见等。

第三节　谁来评价——多主体:形式还是实在?

学习提要

综合实践活动评价应该注意以下两点:第一,要注意多主体评价的针对性和实效性;第二,强调反思性评价。

综合实践活动课程倡导评价主体的多元化,所以每到课题结题时,不少小组就开始埋头于各式各样的表格填写,比如小刚要填写对指导教师的评价表,要填写自我评价表,还要填写对小组其他同学的评价表,刚开始还能有感而发,可写了几次后就实在无话可说了,只能写点无关痛痒的套话。

多主体评价的提出主要是试图纠正以往教师单一评价或者以考试成绩代替评价"独霸天下"的局面。但是多主体评价并不是不问青红皂白地全部必须由相关主体进行无差别的评价,这么做既没有必要也不大可能。多主体评价一定不要拘泥于形式,如硬性规定日常评价的时间间隔、字数、内容、形式等,这样只能使评价者和被评价者疲于应付,而且容易使人产生逆反心理,只会适得其反。并不是所有的内容都要进行多主体评价,这样会费时费力,而且很可能流于形式。一般说来,多主体评价主要是为了获得更多的信息,对学生有更客观更全面真实的评价,或者使评价的多个主体都能从评价中受益。如学生间相互评价能促进学习和交流,家长评价学生使得家长对学生的学习内容和进展有更多的了解和关注,教师也能从家长那里得到更多有关学生学习的信息。而且对不同的评价主体来说,其评价内容和评价标准往往是不同的。例如,家长对学生进行评价,可能主要是针对孩子在家中的学习态度、学习热情和学习方法,如果让家长对学生具体的学习活动进行系统评价,家长可能会无所适从,还会觉得教师推卸责任。

在综合实践活动中,教师、学生、学生的合作伙伴和家长等都拥有对学生行为和表现进行言说的权利,但学生如何正确认识和评价自己还有赖于自己的反思、综合和判断。内部动机比外部刺激作用更持久,所以把学生的自我评价和反思作为他们认识自己、教育自己并不断完善自己的一条途径是很有意义的。评价要引导学生自觉投入活动过程、调动积极的智力和情感因素、分享和思考活动过程中的问题、主动审视自己的行为和表现。这使他们能够自己做自己的主人,为自己的学习负责任,能够学会客观地对待别人的看法,综合各方面的信息,形成对自己的恰当认识和定位,这对他们自我教育能力的形成,对下一步的前进和发展至关重要。只有这样,才能不断改进、完善和超越自己。

综合实践活动评价的依据应来源于学生在活动中的亲身体验、悉心观察、感悟与思考等，离开这些活动过程中的原始积累，评价便难免有失偏颇。避免采用单一的量化手段对学生进行分等划类，主张采用“自我参照”标准，引导学生对自己、对他人在活动中的表现进行“反思性评价”，强调师生之间、同伴之间对彼此进行个性化的鉴赏和评价，这就要求学生能自主能动地参与，否则，评价工作无法真正展开。在学生评价的过程中，经常会出现以评价引发新思考，生成新主题的现象，这也体现了综合实践活动生成性的特点。

简言之，综合实践活动评价应该注意以下两点。第一，要注意多主体评价的针对性和实效性。并不是所有的内容都要进行多主体评价，这样费时费力，而且有可能出现形式主义。必须有明确的评价内容和评价标准，对不同的评价主体来说，其评价内容和评价标准往往是不同的。第二，强调反思性评价。在学生互评中要淡化等级和分数，淡化学生之间的相互比较，强调对“作品”的描述和体察，强调欣赏和关注同学的优点和长处，强调自我反思。

在传统教育中，教师群体在知识方面被认为是权威，对学生的表现或成绩拥有绝对仲裁权，学生只能根据评价者发出的指令被动地行动，对评价的结果也只能全盘接受，毫无自主性可言。评价主体的单一使得对学生的评价不够客观、准确、全面，甚至使评价显得苍白无力。现实中很多教师都喜欢那些成绩好又听话的学生，对学生的评价也主要是“聪明”“迟钝”“合群”“孤僻”“听话”或“捣蛋”等。教师在评价学生时的独断经常会磨灭学生正确认识自己和充分发挥自己潜能的可能性，因为学生逐渐学会迎合老师，学会为了博得老师的宠爱而隐藏自己的真实思想和独立判断。人自我评价的能力并不是天生就有的，而是在外部评价中进行建构和形成，如果学生自己的真实思想和自我意识长期受到压抑，很可能不能形成良好的自我定位和自我规划。

在综合实践活动中，对学生评价的主体由以往单一的教师评价向多元评价主体发展。对学生的评价不再仅仅是教师的专有权利，学习者自身、同伴和家长甚至其他社区成员都成了评价主体中不可或缺的构成，他们的意见或看法从不同维度提供了学习者进步的证据或履历。评价主体的多元使得对学生的评价比较客观、真实、全面和生动。在综合实践活动中，学生既是被评价的对象，同时又是评价的主体。一旦学生意识到自己是学习的主人，而不是为了别人而学习，他就会形成主人翁意识和责任感，自主自觉地完善和提高自己。学生在活动的过程中若能够积极参与评价，对自己的表现做出反思或对同学的表现进行评价，那么他们就会客观地评价自己和他人，使评价过程成为学习、体验、发展的过程。从一定意义上说，学生既是实践活动的参与者，又是实践活动的设计者和创造者，学生对自己的实践活动具有第一发言权。因此学生的自主评价是具有决定意义的，让学生学会积极科学地自我评价是综合实践活动课程的基本任务之一。

第四节　怎么评价——档案袋：手段还是目的？

学习提要

综合实践活动更多利用描述、观察等多种质性评价方式，另外，档案袋评价也是综合实践活动课程中较常见的质性评价方式。

在一幅著名的漫画中，露西对自己的雕刻作品得到"C"而大声发问：凭什么我的雕刻作品得C？是依据这件作品本身来评定的吗？但只有时间，才有权对艺术品进行评定。是依据我的才华来进行评定的吗？但是又怎能用我自己根本无法控制的东西来评定我呢？是依据我的努力程度来评定我吗？但是我已经尽了自己的最大努力了！是依据我学习的情况来评定我吗？那么评定老师是不是要依据他的教学成效呢？那他是不是应该和我一样都得C呢？（资料来源于2002年6月4日–7日于北京举行的"教育改革评价研讨会"会议资料）

对于综合实践活动中学生的作品与表现该如何评价呢？

一般来说，课程标准都强调了培养目标的三大领域，即基础知识和基本技能，学习过程与方法以及情感、态度和价值观。但综合实践活动课程不把或主要不把基础知识和基本技能作为其目标。更何况与基础知识和基本技能相比，后面二者的评价难度更大。如果简单地用分数或等级来评定学生，这就涉及评价的效度和信度问题。更何况对情感、态度、价值观、学习过程与方法以及某些能力简单进行定量评价是困难的，进行权重也是不合适的。如对学生合作精神和能力进行评价，简单地用68分、75分表示可能是不准确的，既无助于学生合作能力的培养，也无助于提出有针对性的改进措施。

在这样的评价中应提倡质性描述，在给学生下结论的时候应该慎重，而且要有简洁的描述作为支持性的资料和证据。对学习态度进行评价，可以分解为上课认真参与、积极进行讨论和资料的收集整理、主动关心小组其他成员的进展情况、及时纠正错误等多个侧面。如果对一项评价内容了解比较深刻，或经过一段时间的实践探索，可以把它细分为几个具体的子指标，要注意关键指标的全面和有效。如果不能概括出评价内容的主要指标，宁可模糊一些，根据自己对学生的观察，更要基于学生的原有基础和性格特点进行描述总结，也不要将其固定化，以避免同学之间引起不必要的争执或分歧，避免最终评价的片面性。

另外，档案袋评价是综合实践活动课程中较常见的质性评价方式，但在使用过程中，档案袋经常被简化为一个筐，什么都往里面装，成了一个文件夹或容器，而没有发挥其应有的评价作用。在运用档案袋评价时，指导教师和小组成员一定要清楚自己想设计一种什么类型的档案袋，如果是理想的作品集，该如何决定作品理想与否，需要大家一起交换看法，达成一致意见，挑选最能够代表小组水平的作品。如果是过程型的档案袋，则可把每个成员认为有用的资料都收集进来，内容可随着活动的开展而逐渐丰富。学生可与同伴、指导教师一起，经常整理档案袋，共同鉴赏其独特之处，指出其有待改进的地方，使其日臻完美。

学生的探究是不断深入展开的，主题也是多种多样的，所以教师很难开发出统一的标准来评价所有学生的成就，除非这些标准已经如此通用，超越了具体的活动背景从而适合所有学生。不管何时使用一些标准或准则来判断学生的学习，也不管这些标准来自哪里（是专家制定的标准，还是教师制定的准则或是师生共同协商制定的准则），我们都应该与学生分享我们对他们的期望。作为指导教师，可依据某个主题活动的需要灵活地确定评价的内容、方法、工具、标准，而不可拘泥于某一种固定的模式，尤其切忌那种设计一种指标、表格或一个指标体系就“放之四海而皆准”的做法。我们可以组织作品交流、活动展示、探究报告辩论会、劳动或艺术表演等活动，也可以将评价表、档案袋等的结果结合评定，还可以把家长及教师的描述性评定与学生自我反思或互相评价的结果以及管理部门或专家的鉴定意见等结合在一起。

档案袋评价可使学生获得“主人翁意识”和“团队意识”，因为教师、学生、同伴甚至家长等在评价中是合作的伙伴关系，他们分享评价过程中的体会和感受。档案袋评价由于注重学生的选择和判断，因而自然地拓展了学生的自我评价过程。每一个课题或每一学期甚至每一学年结束后，我们都应该把这些档案袋分门别类地整理、保管好，以便在合适的时候让他们再次来欣赏和评鉴自己的作品，所有这些图表、资料、报告、论文等都是被具体化了的他们过去的生活和心灵的一部分。他们将回想起自己或小组曾经付出的努力、产生的摩擦、体验到的愉悦等，将深刻地理解到自己是怎么一步一步地走过来的，这将是很难得的教育轨迹和教育体验。

传统教育由于重视知识的熟练掌握和系统结构，相应地标准化考试和测验就被认为是检查这些方面的最有效途径，就成了学校教学中最具权威的评价手段，对学生其他方面的评价和其他评价方法就变得可有可无。而事实情况是学生身上很多内隐的有价值的东西是无法通过简单的分数来描述和揭示的。因此若要全面客观地评价学生，许多非量化的其他替代性的评价方法就必须被大力提倡并运用于实践中。

综合实践活动由于不刻意强调知识维度，其评价也不主张采用量化方式，而更多利用描述、观察等多种质性评价方式。档案袋评价可以使学生自己选择、记录自己的成长痕迹，及时丰富和改进。最后的成果汇报与展示可使各种观点和看法进行碰撞、激荡，继而产生新的思维火花。教师、家长即时评价学生在活动过程中表现出来的闪光点，学生还可以邀请同伴对自己进行评价。不管哪种评价方式都要强调学生的自我反思。学生根据对自己的了解与认识，再从他人对自己的评价中了解情况，及时进行自我调整，促进自身不断地完善和提高。学生在与他人交往、合作的过程中，逐渐学会欣赏和理解别人，拓宽自己对世界对人际的见解，开阔自己的心胸和眼界。

本章小结

本章主要探讨综合实践活动课程的评价问题。综合实践活动的学生评价可概括为对学生在综合实践活动开展过程中的表现、进展和变化进行观察、描述、分析、解释的过程。具体评价内容包括三个方面：学生参与活动的态度、学生的创新精神和实践能力的发展状况、学生对学习方法和研究方法的掌握情况。综合实践活动多采用档案袋、描述、观察等多种质性评价方式。恰当的评价对学生在综合实践活动课程中的发展具有积极意义。

【思考与练习】

1. 你认为如何建设档案袋？小组档案袋和个人档案袋如何相互作用？

2. 请你结合实践经历谈谈在综合实践活动课程中是如何进行学生评价的，这些评价行为体现了哪些评价理念。

【推荐阅读】

1. [美]达克沃斯. 精彩观念的诞生——达克沃斯教学论文集[M]. 张华，等译. 北京：高等教育出版社，2005.

2. [美]卡利尼. 让学生强壮起来——关于儿童、学校和标准的不同观点[M]. 张华，等译. 北京：高等教育出版社，2005.

第十章
综合实践活动课程的教师指导

教师的任务仅仅是依据较多的经验和较成熟的学识来决定怎样使儿童得到生活的训练。

——杜威

综合实践活动课程的实施过程要求充分尊重并发挥学生的自主性和主动性，但同时也离不开教师必要的指导。综合实践活动课程的实施要求教师指导转型，即从控制型指导转向倾听型指导。我们从两个层面来理解倾听。首先是作为一种理念的倾听。它意味着教师要尊重并积极呼应每一个儿童自然天性或潜能的无声的呼唤，同时，要留意、尊重儿童自己的观念，并帮助儿童在综合实践活动中诞生新的、更精彩的观念。其次是作为一种行动的倾听。作为行动的倾听是作为理念的倾听的具体表现形式之一。它要求教师在尊重儿童的基础上，创设倾听型的环境（物质的、程序的、关系的），运用合理的倾听技能接受、理解来自儿童的信息。在综合实践活动课程中，学生在不断成长，需求也不断发生变化，因此，教师的倾听将是贯穿综合实践活动课程实施始终的过程。教师要随时保持对学生变化的敏感，善于启发学生提出问题、阐述思想，并在此基础上改进自己的指导行为。本章从教师角色的角度，结合案例说明进行倾听型指导的教师所扮演的、不同于传统的教师角色，如引导者、参与者、倾听者、合作者等。学习本章时需注意，这些角色之间不是截然分开的，在综合实践活动课程的不同阶段，教师往往交叉扮演着多种角色。但无论扮演哪种角色，其理念基础是共通的，即要积极呼应儿童的个性要求，尊重儿童自己的观念，帮助儿童诞生更精彩的观念。

第一节　教师作为引导者

学习提要

教师作为引导者，要注意引导的时机问题与引导的方向问题。教师的引导要能够把问题的探究引向纵深，要引导学生之间在探究中进行更好的配合、合作，要引导学生获得积极的情感体验、提升情意水平，要引导学生持续探究。

在一番头脑风暴后，黄老师本着自主的原则，让孩子们对刚刚提出的五花八门的问题进行表决，以确立一个人人都感兴趣的课题。孩子们一致同意研究"猫"，看来这些四年级的小同学对小动物都很有兴趣。

课题确立后，孩子们花了一节课的时间，制订了研究计划，包括上网查找有关猫的资料，观察猫的生活习性并做观察记录等。计划还算周全，但在实施的过程中遇到了困难。因为只有一位同学家中有猫，而孩子们的家又相距较远。可看着他们兴致勃勃的样子，黄老师不愿给他们泼冷水，活动还是按照原计划进行着……

随着课题研究的深入，黄老师发现孩子们的热情在渐渐消失，每次活动都感觉有些茫然：老师，我们资料查过了，可我们看不见猫，也没办法做记录。看着他们无所适从的样子，黄老师也不禁有些着急，课题眼看着进行不下去了，怎么办？

经过仔细考虑，黄老师决定引导孩子们换一个相关的选题，他想，有了这次的经验教训，孩子们在选题的时候一定会更加深思熟虑吧。她又一次把孩子们召集在一起，问："孩子们，你们觉得最大的困难在哪里？"孩子们不约而同地说："在学校里没办法看到猫。""没有活的猫，那有没有死的或不动的呢？""老师，死的猫怎么研究？"孩子们哈哈大笑起来。我不动声色，微笑地看着他们，孩子们一看我不像是和他们开玩笑，渐渐安静下来，歪着头思考着。"啊，对了，是机器猫！"终于有个孩子大叫了起来，其他孩子一听，都七嘴八舌地说起来，"我知道机器猫哆啦A梦""我看过动画片，很好看的""我有很多哆啦A梦的粘贴纸""它很可爱的"……

看着孩子们兴奋的神态，黄老师暗地里说："没错，就是它了——哆啦A梦。"

"这一次你们要把计划写得更周全哦！"听见我这么说，孩子们开始专心地制订计划：(1)调查问卷；(2)调查问卷统计分析；(3)收集"哆啦A梦"粘贴纸；(4)画"哆啦A梦"；(5)设计心目中的"哆啦A梦"；(6)上网查找资料；(7)制作电脑小报；(8)成果总结。看着孩子们制订的一系列活动方案，我想：这次肯定会成功。

综合实践活动课程是建立在儿童兴趣、需要等基础上的课程，即便仅从这点上来看，教师的指导也只能是引导，即在儿童诸般内在倾向的基础上予以疏通、点拨。教师的引导不是生拉硬拽，而是水到渠成。实践中两者的差别往往在一线之间。“道而弗牵，强而弗抑，开而弗达”，乃是教师作为引导者最生动的写照。

引导首先涉及时机的问题，也就是“什么时候引导”。学生在探究过程中经常会遇到各种困难，如在选题中抓不住方向，研究思路短路难以为继，研究方法准备不足、知识欠缺等，这个时候往往最需要教师予以引导。也是在这个时候，教师加倍地感到“告诉”的诱惑。毕竟，那是我们更加熟悉的工作方式，而且也简单省事得多。相比之下，引导更加复杂和困难。如何引导，只有原则上的指引，没有现成的方法。每一个需要引导的情境都各不相同，需要教师深深投入其中，耐心倾听儿童的每一个生成中的灵感，全身心地感受儿童举手投足间流露出的需要，抓住转瞬即逝的可能代表前进方向的契机。因此，教师的引导不折不扣地是一门艺术。它固然需要教师多多借鉴成功的经验，更需要教师在指导实践中不断摸索、反思、积累。

引导其次还涉及方向问题，也就是“把儿童引向何方”的问题。当然，对儿童学习方式、个性特点等方面差异的尊重，决定了综合实践活动课程中的引导不可能把儿童引向某种一致的内容，但这并不排除其在一些更具概括性的方面的追求。首先，我们要能够把问题的探究引向纵深。最初的问题可能纯粹是基于儿童的个人兴趣而提出，处于较低的认识水平，需要教师在探究过程中预测到把问题引向更高水平的方向，实现课题探究价值的最大化。其次，我们要引导学生之间在探究中进行更好的配合、合作。学会合作是综合实践活动的重要目标之一，同时也需要教师从旁推动、促进和协调。再次，引导学生获得积极的情感体验，提升情意水平。综合实践活动不仅仅强调学生的认知活动，同样重视学生的情意活动，因而是一门认知与情感整合的课程。相比之下，以往课程中受到忽略的情意维度比认知维度更需要教师的引导投入。最后，引导学生持续探究。最初高涨的探究热情遭遇困难后往往会骤然降温，甚至出现兴趣转移、放弃原来的选题的现象。这时教师要审时度势，对于并非真的探究不下去的课题，要引导学生克服困难，保持探究热情，将课题进行到底。上述每一方面的引导都蕴含着丰富的教育意义，而表面却不落教育的痕迹，这便是引导的艺术。

第二节　教师作为参与者

学习提要

教师作为参与者，意味着教师作为综合实践活动中学生的合作探究者，或者说学习者群体中的一员展开行动；意味着教师要与学生一起探究课题并在共同探究中了解学生探究的特点，以提供有针对性的指导。

本学期，某中学初一(1)班选择的探究主题是“对博士成长历程的调查”。这个问题的提出源自刚刚转来的一位新同学。他来班上没多久，大家就了解到，他的伯伯是位博士。而博士对于初一(1)班的同学们来说，还很遥远，也很稀奇。

在与学生的谈话中，班主任叶老师很快发现了这一情况，并专门安排了一次班会讨论这一话题。从学生的发言中，叶老师发现，“博士”在学生的眼中只是一个模糊的概念，同时也发现学生其实是很渴望了解博士的学生时代的。于是，在叶老师的建议下，班级里有一组学生确定了这一研究主题。

确定了主题后，学生想到的第一个研究途径就是去采访博士。叶老师对学生的方法表示了赞同，并提醒学生在采访时要注意礼貌，分工协作，做好采访记录，采访后要及时整理记录。同时叶老师还表示，如果他们需要的话，她也可以和他们一同去，还可以为他们提供设备。

我们或许要问，综合实践活动要发挥学生的主体性，那么叶老师的参与是否有必要呢？如果可行，又该以何种方式参与呢？

第一次采访结束后，学生聚在一起，对采访的内容进行讨论、整理和归纳，形成了采访记录。叶老师也参加了学生的讨论，和上课不同的是，整个过程中，学生自由而尽兴地讨论着，丝毫没有把叶老师作为课堂上的教师、知识上的权威。

讨论中，学生发现，他们对博士伯伯的有些话不理解，比如他说：“我的成绩始终在第一名后面，最后一名的前面。”这是什么意思呢？还有，他能成为博士的最关键因素是什么呢？最后学生们将这两个“难题”抛给了叶老师。结果叶老师和他们一样不知道，但叶老师建议他们可以总结第一次采访的经验和教训，再进行第二次采访，并建议他们详细地设计第二次采访的内容。学生们对采访的礼仪、程序、内容等进行了设计，并决定把第二次采访做成一次深度访谈，主题定为“成为博士的关键因素或转折点”。

学生邀请叶老师共同参加了第二次访谈活动。

第二次的小组讨论，学生都很兴奋，大家得出了一个共同的结论：博士身上有很多优点，但也并非十全十美，博士离我们并不遥远。讨论中，叶老师作为参与访谈的一员，也谈了自己的体会。叶老师提到，希望学生注意到博士伯伯谈到的《哥德巴赫猜想》这本书在他成长中的重要影响，希望学生在学习的过程中也能找到一个学习的榜样，一种激发学习的动因。

教师作为参与者，意味着教师作为综合实践活动中学生的合作探究者，或者说作为学习者群体中的一员展开行动。就如同前面的案例所显示的一样，教师参与小组中的讨论，但并不被看作特殊人物——课堂上的权威者；在小组中只是像其他成员一样提出建议，而不是发布命令或指挥。这样一种角色似乎彻底抹平了学生与教师之间的身份边界，但实际上，双方在参与中的使命并不完全相同。

作为参与者与学生在综合实践活动中一起摸爬滚打的教师,肩负着双重的使命。第一,与学生一起探究课题。综合实践活动的课题具有开放性,覆盖的知识面往往很广。对于从传统教师教育体制和课堂教学状况中走出来的教师而言,在很多课题面前几乎和学生处在同一起跑线上。因此,教师作为参与者和学生一起探究,有助于扩大他们的知识面,改善能力结构。可以说,这一使命是学生与教师共同的。第二,在共同探究中了解学生探究的特点,以提供有针对性的指导。这背后的一个简单的道理是,教的法子要根据学的法子。而综合实践活动课程作为一门新课程,学生还难以把握学习这门课程的特点。而了解新事物的最好办法,莫过于亲身去参与它、体验它、反思它。借助对学生在综合实践活动课程中学习的了解,反观教师的指导干预,进而改进自己的指导。这一点是教师作为综合实践活动课程的参与者所独有的使命。

教师在参与课程实施的过程中,既要忘记自己的教师身份,又要不时提醒自己的教师身份,既要意守又不可执着。不忘记自己的教师身份,就不能做到真正平等地参与;不提醒自己的教师身份,有时又会错过理解学生学习特点的机会,同时也遗漏了反思教学的机会。总之,教师作为参与者参与综合实践活动课程的实施,既是师生共同创生课程的过程,又是创造自己的教学的过程,而连接这两者的,便是教师对学生的了解的增进。

第三节 教师作为倾听者

学习提要

教师作为倾听者要创设一种有利于倾听的环境。倾听型环境的创设首先要有一定的程序做保证;其次,倾听型环境的创设还需要一定的物质环境保障;最后,倾听型环境的创设最主要的是创造出一种对话氛围。

这是某学校第一次实施综合实践活动,三(1)班的班主任王老师带着疑虑走进自己的教室。这节课,他要组织全班同学进行选题。这些平时上课都不愿意发言的小朋友,能提出有研究价值的问题吗?甚至对他们能不能提出问题,王老师都持怀疑态度。他一再地向来学校进行合作研究的指导者表示自己的疑虑。但进入教室五分钟,王老师的这些疑虑就统统烟消云散了。在最初的沉闷中,王老师按照事先的计划,一再对小朋友进行鼓励。大家可以提任何问题,比如你身边发生的,你最感兴趣的,或者你最想了解的,任何问题都行。终于,有位同学站起来,怯生生地说:“老师,我想研究蝌蚪可以吗?爸爸从附近池塘帮我捉来的小蝌蚪昨天长出后腿了。爸爸说,它还会发生变化。我想知道,它还会怎么变。”王老师马上对该同学进行了鼓励。该同学脸上的表情由十分胆怯变成九分得意，教室里的情形发生了180度的逆转，小朋友纷纷站起来说出自己的想法。老师，我想研究宇宙。老师，我想研究恐龙。我想研究蚕宝宝……

起初，小朋友们还能一个一个地，有序地发言。但随着热烈气氛的升级，发言也陷入混乱。有的小朋友不等别人说完就开始陈述自己的意见；有的小朋友在别人发言时在下面开小会。尽管王老师几次提高嗓门提醒小朋友们要尊重别人，注意倾听别人的想法，但她的提醒、告诫几乎没有任何效果。

一节课结束了。王老师带着满脑子的杂乱想法和满耳的轰鸣离开了教室。她有些沮丧地对研究者说：你们说，要老师注意倾听学生的想法和意见，可是到后来，我连小朋友说的什么都听不清楚了，还怎么倾听？

如果你遇到王老师面临的难题，你会怎么做？

经过协商，王老师在第二节课上，首先要求学生按照“准备研究什么、为什么要研究、准备怎样研究”等方面初步制订一份“选题计划书”。再次上课的时候，先让小朋友们在小组内交流各自的想法，而后王老师对小朋友们说：

哪些同学愿意上台来和大家交流你们的想法，分享你们的智慧。当一位同学在上面讲的时候，其他同学要学会倾听，边听边想：他的选题是否合理？适不适合我们小学生研究？他的研究方法是否可行？然后在他的发言结束后给他提出问题或建议。

接下来，陆续有小朋友上讲台发言。开始仍会有小朋友打断发言，但经过几次提醒后，小朋友们渐渐掌握了必要的程序，交流有序起来。他们对其他同学的选题提出了很好的建议，王老师也不时地对学生们的建议加以总结，看着对话日渐有序，题目越来越明朗，王老师松了口气。快下课的时候，王老师进一步建议，选择相似主题的同学可以组成小组共同研究。

在综合实践活动的指导中，倾听是教师需要具备的一项重要技能。通过倾听，教师可以了解学生的所思所感，吸收其中的有用信息，进而在学生内在需求的基础上进行引导。但小朋友言语中的信息往往是十分繁杂的，其中可能有有用的信息，可能有无用的信息，有的是新信息，有的则是旧信息。而且，如果交流的方式不得当，原本繁杂的信息会进一步交叉混合，变得更加混乱。上述情境中王老师遇到的便是这样的情形。

解决上述情形，首要的是要创设一种有利于倾听的环境。这样一种环境能够规范信息交流的方式，减少信息的交叉重叠，使每个人在交流过程中能更清晰完整地表达自己。在有利于倾听的环境中，尊重对方的表达，对所听到的表达给予建设性的反馈是可接受的行为。反之，不尊重对方的表达权利，对所听到的表达置若罔闻或冷嘲热讽则是不可接受的。这样一种环境，能够“指导”置身其中的成员在交流中做到自律，形成有序的交流情境。

倾听型环境的创设首先要有一定的程序做保证。例如上述问题解决中，王老师确定了先由一名同学介绍自己的选题计划，然后其他同学围绕该同学的介绍评价、建议，教师点评小结的程序。当然，这一程序不是唯一的选择，程序选择的根本原则是有利于表达与交流。其次，倾听型环境的创设还需要一定的物质环境保障，例如，上例中，发言学生在讲台上，与全体同学进行一对多的交流是一种位置安排方式，而将桌椅摆放成马蹄形可能更有利于多对多的交流。最后，倾听型环境的创设最主要的是创造出一种对话氛围。这一方面要求教师首先成为一个合格的倾听者，耐心专注地倾听学生。教师的这一行为还可为学生起到榜样示范作用。除了榜样示范作用外，教师还应直接指导学生在交流中成为一个合格的倾听者，提高学生的倾听意识和倾听能力。

第四节　教师作为合作者

学习提要

教师作为合作者，必须放弃单兵作战的工作方式，积极吸纳同伴和相关专业人员加入指导团队，以"团体指导，协同教学"的方式开展综合实践活动的教学，由一个合作的、默契的专业团队共同承担综合实践活动的指导责任。

有一个课题研究小组，他们研究的课题是"城市社会治安的现状及对策"。该课题在教师指导上采用教师团体指导的形式，担任课题指导教师的主要是政治、历史老师，同时还包括一位生物老师和一位物理老师。在研究过程中，学生们提出了一个设想：城市的治安问题对城市来讲，就像一个痼疾。如果能让城市也像人预防疾病那样打上"疫苗"，那么城市治安问题会不会得到缓解呢？要实现这一设想，首先要找到对城市治安问题有效的"疫苗"。而要找到"疫苗"，又必须对人体的生理免疫过程有一个全面的了解。带着这样一些疑问，他们去请教课题指导小组中的生物老师王老师。王老师一听，还真不知道怎么回答。人体生理免疫问题，明显已经超出了所教的生物学科的专业知识范围。那么，怎么帮呢？

对于情境中的问题，王老师最初只能提醒学生尝试着自己寻找一些资料。之后，他又马上和指导小组的其他老师进行了讨论并到网上查找了一些相关信息。但生理免疫是一个专业性比较强的问题，大家都觉得就凭手中的这点资料，要想给学生一个满意的答复，还是很困难。正当大家一筹莫展的时候，"救星"从天而降。物理组林老师的妹妹在区卫生防疫站工作，正好有事来找他。指导小组的老师们简直是喜出望外。关于免疫的问题，林老师的妹妹林医生不是现成的老师吗？王老师把课题组的学生都找来了，请林医生为他们讲解。这件事之后，该课题组的教师指导小组决定聘请林医生担任学生的校外指导教师。

综合实践活动课程具有综合性、开放性，使得其涉及的内容往往大大超越了课堂教学、教材、教学参考资料的范围，甚至也超越了教师的专业知识范围，教师传统的“传道、授业、解惑”的权威角色面临解体。这一方面要求教师要不断地加强学习，拓宽知识的广度和深度，以满足学生水涨船高的求知要求。但一个人毕竟要受到时间、精力、专业背景的限制，不可能知道学生提出的所有问题的答案，因此要充分发挥不同年级、不同学科的其他教师各自的优势和特长，充分发挥校内的人力资源，为综合实践活动提供协作指导。此外，协作不能也不应该局限在校内，还要重视学校所在社区人力、环境、物质资源的发掘，形成教师个人、教师团队、社区人士共同组成的指导队伍，为综合实践活动课程的实施提供有力支援。

如上述案例中，学生提出的关于人体的生理免疫过程的问题，不但超出了生物老师自身的专业知识范围，也超出了指导教师团队的知识范围，教师们的临时补课已经难以满足学生的要求，林医生的偶然到来才使小组走出困惑。这个颇具偶然性的案例却提醒我们一条必然的经验：综合实践活动课程倡导学习回归社会生活，那么就不能封闭在校园中进行，而要向社区、整个社会乃至世界敞开大门。尤其是社区，对于综合实践活动课程而言，不啻一个有待发掘的宝库，其中与学生生活息息相关的卧虎藏龙的各种机构，都能够成为综合实践活动课程的潜在资源。如何使这一资源宝库的开发利用不再是被动等待的，随机发生的，而是有意识、有组织地予以开发、利用，是教师所面临的一个挑战。直面这一挑战，教师必须放弃单兵作战的工作方式，积极吸纳同伴和相关专业人员加入指导团队，以“团体指导，协同教学”的方式开展综合实践活动的教学，由一个合作的、默契的专业团队共同承担综合实践活动的指导责任。相信通过这样的合作指导，必将提升综合实践活动开展的质量和水平。

本章小结

教师指导在综合实践活动课程的实施中发挥着至关重要的作用，它是综合实践活动课程持续、深入开展的有力支撑。在综合实践活动课程中，教师作为引导者，要注意引导的时机问题与引导的方向问题；教师作为参与者，要与学生一起探究课题并在共同探究中了解学生探究的特点，以提供有针对性的指导；教师作为倾听者要创设一种有利于倾听的环境；教师作为合作者要以“团体指导，协同教学”的方式开展综合实践活动的教学。

【思考与练习】

你认为在综合实践活动课程实施的过程中，教师应如何更好地引导学生开展活动探究？

【推荐阅读】

1.［美］杜威.民主主义与教育［M］.2版.王承绪，译.北京：人民教育出版社，2001.

2.［美］卡利尼.让学生强壮起来——关于儿童、学校和标准的不同观点［M］.张华，等译.北京：高等教育出版社，2005.

参考文献

1.张华.综合实践活动课程的国际视野[M].石家庄:河北教育出版社,2019.

2.[美]杜威.学校与社会·明日之学校[M].2版.赵祥麟,任钟印,吴志宏,译.北京:人民教育出版社,2005.

3.[美]杜威.民主主义与教育[M].王承绪,译.北京:人民教育出版社,1990.

4.[美]凯瑟琳·坎普·梅休,等.杜威学校[M].王承绪,等译.上海:华东师范大学出版社,1991.

5.[美]劳伦斯·阿瑟·克雷明.学校的变革[M].单中惠,马晓斌,译.上海:上海教育出版社,1994.

6.张华.经验课程论[M].上海:上海教育出版社,2000.

7.[美]斯坦顿,吉尔斯,克鲁兹.读经解典·实践卷:服务学习——先驱们对起源、实践与未来的反思[M].童小军,等译.北京:知识产权出版社,2013.

8.[美]约翰·杜威.我们怎样思维·经验与教育[M].姜文闵,译.北京:人民教育出版社,2005.

9.[美]乔纳森.学会解决问题[M].刘名卓,等译.上海:华东师范大学出版社,2015.

10.[美]阿兰·柯林斯,理查德·哈尔弗森.技术时代重新思考教育:数字革命与美国的学校教育[M].陈家刚,程佳铭,译.上海:华东师范大学出版社,2013.

11.[美]舍恩.培养反映的实践者:专业领域中关于教与学的一项全新设计[M].郝彩虹,等译.北京:教育科学出版社,2008.

12.[美]乔纳森,兰德.学习环境的理论基础[M].2版.徐世猛,李洁,周小勇,译.上海:华东师范大学出版社, 2015.

13.[英]克拉夫特.创造力和教育的未来:数字时代的学习[M].张恒升,申继亮,译.上海:华东师范大学出版社,2013.

14.韩桂玲.吉尔·德勒兹身体创造学研究[M].南京:南京师范大学出版社,2010.

15.朱凌云,等.中小学生涯教育理论与方法[M].北京:北京师范大学出版社,2015.

16.王一敏.中学生生涯教育理论与实务[M].广州:广东教育出版社,2016.

17.[美]斯特林费儿德,等.重建学校的大胆计划——新美国学校设计[M].窦卫霖,等译.上海:华东师范大学出版社,2011.

18.单中惠.现代教育的探索——杜威与实用主义教育思想[M].北京:人民教育出版社,2001.

19.[俄]列夫·谢苗诺维奇·维果茨基.思维与语言[M].李维,译.杭州:浙江教育出版社,1997.

20.[日]佐藤学.学习的快乐——走向对话[M].钟启泉,译.北京:教育科学出版社,2004.

21.联合国教科文组织.教育——财富蕴藏其中[M].2版.联合国教科文组织总部中文科,译.北京:教育科学出版社,2014.

22.[美]约翰逊(Johnson,D. W.),约翰逊(Johnson,R.T.).合作学习[M].伍新春,郑秋,张洁,译.北京:北京师范大学出版社,2004.

23.钟启泉,安桂清.研究性学习理论基础[M].上海:上海教育出版社,2003.

24.翁建芳,胡立峰.小学综合实践活动课程开发与案例[M].上海:上海交通大学出版社,2003.

25.黄政杰,林佩璇.合作学习[M].台北:五南图书出版公司,1996.

26.[美]帕克·帕尔默.教学勇气——漫步教师心灵[M].吴国珍,等译.上海:华东师范大学出版社,2014.

27.[美]卡利尼.让学生强壮起来——关于儿童、学校和标准的不同观点[M].张华,等译.北京:高等教育出版社,2005.

28.[美]达克沃斯.精彩观念的诞生——达克沃斯教学论文集[M].张华,等译.北京:高等教育出版社,2005.

29.[日]佐藤学.静悄悄的革命:创造活动、合作、反思的综合学习课程[M].李季湄,译.长春:长春出版社,2003.

30.刘吉林,王坦.合作学习的基本理念(二)[J].人民教育,2004(2):27-28.

31.中华人民共和国教育部.中小学综合实践活动课程指导纲要[EB/OL].[2017-9-25]. http://www.gov.cn/xinwen/2017-10/30/content_5235316.htm.

32.Kilpatrick, W. H. (1918). The Project Method. New York City: Teachers College.

33.Whitehead, A. N. (1929). The Aims of Education and Other Essays. New York: The Free Press.

34.Gardner, H. (2008). Five Minds for the Future. Boston: Harvard Business Press.

35.Kilpatrick, W. (1921). Dangers and Difficulties of the Project Method and How to Overcome Them: VI. A Review and Summary. Teachers College Record, No.4.

36.Barbara Jacoby. (2015). Service-learning Essentials: Questions, Answers, and Lessons Learned. San Francisco: John Wiley & Sons, Inc.

37.David A. Kolb. (1984).Experiential Learning: Experience as the Source of Learning and Development. Englewood Cliffs, Prentice-Hall, Inc.

后 记

综合实践活动课程在教育部2001年颁布的《基础教育课程改革纲要(试行)》中正式确立为我国基础教育的必修课程。在20年左右的新课程改革实践中,该课程已成为课程改革公认的“亮点”。2017年9月,教育部在总结课程改革经验的基础上,正式颁布《中小学综合实践活动课程指导纲要》,规定从小学一年级至高中三年级作为必修课程系统实施综合实践活动课程,并与各门学科课程并列设置。我和我课题组成员长期从事综合实践活动课程的理论与实验研究,并作为专家工作组核心成员直接参加了《中小学综合实践活动课程指导纲要》的研制工作。本书即是在上述研究的基础上编写而成的。

本书是集体合作的产物,各章作者如下:

第一、二、三章:张华(杭州师范大学)。
第四章:李宝敏(华东师范大学)、张华。
第五章第一节、第六节:张华。
第五章第二节:高振宇(杭州师范大学)。
第五章第三节:仲建维(宁波大学)。
第五章第四节:钱旭鸯(杭州师范大学)。
第五章第五节:杨燕燕(杭州师范大学)。
第六章:张华、仲建维。
第七章:张华、唐晓欣(南京市北京东路小学)。
第八章:安桂清(华东师范大学)。
第九章:李树培(华东师范大学)。
第十章:刘宇(浙江师范大学)。

郭元勋协助我做统稿、修订工作,付出大量辛勤劳动,谨申谢忱。

诚祈广大读者对我们的工作批评指正。

张 华

2020年1月21日于杭州西子湖畔